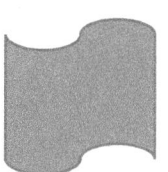

# Deus e o Homem
# Através dos Séculos

# Deus e o Homem Através dos Séculos

## Abdenal Carvalho

# Dedicatória

Desejo dar honra aos que me deram forças e sabedoria para tamanha conquista: O Pai, Filho e Espírito Santo. Aos meus filhos: Daniel Berg Silva Carvalho e Danillo Silva Carvalho, pelo apoio e compreensão nas várias ocasiões em que lhes neguei atenção para dedicar-me a conclusão desta importante obra.

# Sumário

# *Introdução*

Desde o princípio, o principal objetivo do Criador era receber exclusiva adoração de um povo que o reconhecesse como único Deus e Senhor de suas vidas, disposto a lhe prestar culto solene, permanente e voluntário. Sem que dele partisse a exigência para tal sacrifício pacífico. O homem foi primeiramente criado sua imagem e semelhança, com quem firmou uma aliança, a qual foi feita sob a ordem expressa dele nunca comer do fruto proibido, da árvore plantada no meio do jardim.

Somente depois gerou a mulher da costela de Adão, que assumiu o papel de esposo e a responsabilidade de orientar sua esposa em como se conduzir mediante as ordenanças divinas. Ambos eram puros, inocentes em todas as formas imagináveis, pois até então o pecado ainda não tinha entrado neste mundo, ou seja, o inimigo declarado de Deus ainda não possuía influências sobre a mente humana.

Nenhuma mancha moral e espiritual havia neles ou qualquer sentimento de ódio, rancor, amargura e rebeldia. Eram verdadeiramente santos, imortais e herdeiros da graça divina. Foram honrados por aquele que lhes escolheu para serem os pais da futura geração de seres humanos que deles nasceriam e viriam a popularizar a face da terra. Aquele casal, que nasceu no Éden sob o zelo e os cuidados do Todo Poderoso deveriam, sem sombra de dúvidas, ter sido nosso maior exemplo.

De obediência e santidade. Entretanto, tornaram-se a maior decepção para Deus e a pior referência para ser seguida. Mas o Senhor, pela sua infinita misericórdia persiste até hoje em ver realizado seu eterno sonho de ver surgir neste mundo, mesmo envolto em densas trevas, um povo comprado e lavado no sangue do Cordeiro, enviado como o último apelo do Pai para que sua criação desperte do sono da indolência.

E se reconcilie com ele, recebendo novamente o direito de serem chamados seus filhos, através do sacrifício feito na cruz por Cristo, o Redentor, o único caminho que pode conduzir o homem distanciado a uma nova convivência com seu Criador. "Porque Deus amou o mundo de tal maneira que deu o seu Filho unigênito, para que todo aquele que nele crê não pereça, mas tenha a vida eterna.

Porque Deus enviou o seu Filho ao mundo, não para que condenasse o mundo, mas para que o mundo fosse salvo por ele. Quem crê nele não é condenado; mas quem não crê já está condenado, porquanto não crê no nome do unigênito Filho de Deus. E a condenação é esta: Que a luz veio ao mundo, e os homens amaram mais as trevas do que a luz, porque as suas obras eram más". (João 3:16-19

# Capítulo 1 - A Queda Do Homem

Satanás, o maior opositor de Deus, depois de ter perdido o direito de habitar no céu e tão pouco no jardim, onde antes viveu juntamente com outros anjos, sob seu comando e que insensatamente apoiaram sua rebelião, ousando invadir as mansões celestiais no propósito de destronar o Altíssimo, usando de astúcia encontrou na mulher sua maior fraqueza e fez disso a arma certa para colocar tropeços na vida do casal.

Causando-lhe a queda que fatalmente os tornariam inimigos do Criador e condenados a viverem sob o domínio do mal. Com palavras traiçoeiras e, usando o mais astuto animal do Éden ( Gênesis 3:1) a convenceu comer do fruto proibido e em seguida dar ao marido que, ao invés de repreender o erro de sua esposa, escolheu satisfazer seu pedido mesmo ciente da violação da aliança feita com o Senhor, amando sua companheira mais que tudo.

Tiago, na sua Epístola Universal, declara que o Espírito que habita em nós (a igreja) tem ciúmes de seu povo (Tiago 4:5). Na verdade, o termo "ciúmes" empregado aqui não é aquele sentimento egoísta que geralmente o homem natural sente, mas está diretamente ligado ao zelo que ele tem por seus filhos e não se alegra de vê-los prostrados adorando outros deuses. Ele mesmo declarou pela boca de seus profetas que é o único Deus e Senhor.

Que não há outro além dele, deixando claro ser sua toda honra, glória e adoração (Isaías 45:21) A fraqueza da primeira mulher criada no jardim era a curiosidade, ela se impressionara com a revelação feita pela serpente. Satanás, por detrás do animal, foi esperto ao extremo ao insinuar que se ela comesse do fruto da árvore plantada no jardim se tornaria tão sábia quanto o Altíssimo (Genesis 3:4) E. F. KEVAN sobre este tema, nos diz:

"Falar na Queda do Homem é tratar do mais trágico evento da história da humanidade, pois todas as tragédias posteriores são devidas a essa. Nenhuma forma de ação humana contrária ao caráter de Deus pode ser encontrada fora das origens do pecado na história do homem. Nenhuma forma de malvista na história do homem é mais trágica do que a que vemos aqui, pois é aqui que nascem todas as desventuras da humanidade.

Alguns objetariam a isso por ser demais simplista com a realidade, uma vez que grande e terríveis males tem se sucedido à humanidade, especialmente na história recente. Contudo, o defeito fundamental do ser humano e do mundo é demonstrado em sua desconexão com Seu Criador e com sua Rejeição à Sua Palavra. Tal atitude vista em Adão e Eva, repetida diariamente é a evidência fundamental dessa desconexão do homem com o Seu Criador.

Por isso, o evento narrado aqui é o mais trágico evento da humanidade". Diante de tal possibilidade, ela logo embarcou na ideia de conseguir tamanho poder e ainda se deu ao direito de propor ao marido que fizesse o mesmo. O que ele, por amá-la mais que tudo na vida, aceitou sem resistência. Certamente que ficou claro ter sido a mulher a maior responsável pela queda, visto que foi ela mesma quem deu ouvidos a serpente.

Ela se deixou ser convencida pelas palavras de engano do Diabo e a desobedecer às regras impostas por Deus quanto a não comer aquele fruto, mas devemos considerar quem deles primeiro recebeu a advertência para se manter distante do enorme perigo existente ali, pois foi Adão e não sua mulher. Portanto, podemos indagar: Há justiça da parte do Criador culpar a mulher pela queda, se quem assumiu real compromisso em não comer o fruto foi seu marido?

"Embora a Bíblia aponte Adão como o responsável por trazer o pecado e os caos ao mundo, alguns preferem culpar Eva, sua esposa, que de fato desobedeceu ao mandamento de Deus antes do marido. Eles pensam: "Porque a Bíblia joga a culpa diretamente sobre Adão?". As Escrituras oferecem duas respostas básicas, primeiro: Deus deu a ordem diretamente a ele, não a Eva. Segundo: muito embora uma fraude demoníaca tenha incitado Eva à desobediência, Adão decidiu desobedecer de forma voluntária e consciente (1 Timóteo 2:14).

Por essa razão, o apóstolo Paulo, diz: "Portanto, da mesma forma como o pecado entrou no mundo por um homem, e pelo pecado a morte, assim também a morte veio a todos os homens, porque todos pecaram" (Romanos 5:12) Jamais saberemos o que poderia ter acontecido se Adão tivesse optado por Deus, em vez de escolher o pecado. No final, após sua morte, ele voltou ao pó de onde foi tirado com a colossal idade de 930 anos (Genesis 3:19; 5:5)

Como resultado pela infração cometida o casal foi expulso do jardim, onde gozavam de plena paz, comunhão com Deus e imortalidade. Agora que as portas foram abertas para a entrada do pecado, satanás passou a fazer uso de todos os meios para perseguir e destruir a principal obra do Criador, o homem, que se tornou mortal e sujeito aos desejos da carne, vulnerável à tentação em todos os ângulos possíveis. A mulher, que foi criada e dada ao homem como ajudadora, tornou-se sua principal pedra de tropeço.

Adão cometeu o terrível erro de amar mais sua esposa do que a Deus, um tipo de idolatria inaceitável, e isso o deixou vulnerável a satisfazer suas vontades, perdendo a autoridade que lhe foi confiada para leva-la à obediência, invés de seguir seus ambiciosos conselhos de querer se igualar ao Altíssimo. Devido ao livre arbítrio dado ao homem, para que esse pudesse escolher seu próprio caminho e não ser obrigado a seguir as orientações divinas.

O Senhor preferiu deixar que as coisas prosseguissem até o ponto em que ocorreu a queda. Isso, sem fazer qualquer interferência, deixando a critério de Adão escolher entre se manter obediente ou não ao que lhe havia sido imputado. Adão bem poderia ter usado de autoridade e repreender sua esposa, lembrando-lhe que a ordenança do Senhor era que eles se alimentassem de todos os frutos do jardim, menos do fruto da árvore da ciência do bem e do mal.

Aliás, era exatamente essa atitude que Deus esperava daquele que constituiu como administrador de tudo o que havia ali. E não que ele agisse covardemente diante dos apelos daquela que, iludida pela serpente, queria conduzi-lo ao precipício. Adão e Eva não eram apenas puros, eram, também, completamente inocentes, depois que entraram em contato com o pecado se lhes abriram os olhos e passaram a ver com malícia tudo em redor, então reconheceram que estavam nus, totalmente despidos, e sentiram vergonha de seus corpos.

Por conta disso passaram a esconder-se por detrás das arvores, tentando evitar serem vistos pelo Criador quando este caminhava pelo jardim (Gênesis 3:8-10) Ao indagar ao casal por que razão se escondia, a resposta foi óbvia: "Ouvi teus passos no jardim e fiquei com medo, me escondi porque estava nu" (vv 10). Quanto tempo eles viveram despidos um diante do outro naquele lugar sem jamais se intimidarem? Porque agora sentiam vergonha de se mostrar diante daquele que lhes deu a vida?

Certamente pelo fato de terem sido desobedientes, comendo do fruto a respeito do qual foram alertados que não tocassem, podendo agora definir claramente a diferença entre o bem e o mal. Na realidade devemos ser inteligentes para entender que nenhum mistério existia no fruto, mas a desobediência em si. Ao ordenar que o casal não comesse do fruto da árvore do bem e do mal, plantada no meio do jardim.

O Senhor simplesmente estava colocando à prova a capacidade deles lhe serem obedientes ou não, era apenas um teste. E, ao falhar, tornaram-se indignos de permanecerem usufruindo das regalias existentes no "paraíso", onde viveram desde que foram criados. "Porquanto destes ouvidos a voz da tua mulher e comestes da árvore de que te ordenei, dizendo: Não comerás dela! Maldita é a terra por tua causa, com dor e cansaço comerás dela todos os dias de tua vida".(Gn 3:17)

Toda ação praticada traz uma reação, seja ela positiva ou negativa, e neste caso foi destrutiva, trazendo sérias consequências para nossos primeiros pais. Após o erro da desobediência veio a compreensão do bem e do mal, em seguida a repreensão divina e finalmente a expulsão do jardim. A partir daquela mudança radical, Adão deveria cultivar a terra para retirar dela seu alimento. Pelo que deixa claro o texto bíblico, percebe-se que antes a terra produzia seus frutos naturalmente.

E dela o homem recolhia seu sustento, cultivando-a sem sentir fadiga do trabalho. Ele certamente trabalhava no plantio, mas sem cansaço ou desgaste físico que a partir de então passaria a sentir, devido ter perdido a imortalidade e viver sob um corpo mortal, sujeito a dores, doenças, o envelhecimento e a morte. Mas, afinal, o que teria motivado Adão a amar mais sua esposa e por essa razão querer tanto agradá-la, ao ponto de colocar em risco sua amizade com o Criador?

Para alcançarmos o mínimo de entendimento quanto a isso, precisamos conhecer um pouco mais daquele homem e sua condição como ser humano: "Mal podemos qual deve ter sido a sensação de ser a primeira pessoa no mundo. Uma coisa é para nós ser solitário, hoje. Outra foi para Adão que nunca antes havia conhecido outro ser humano. Ele não teve muito do que nos faz ser quem somos: infância, pais, família ou amigos.

Foi preciso aprender quem era por si só. Felizmente, Deus não o deixou lutando sozinho por muito tempo até presenteá-lo com uma companheira ideal. Ambos formavam uma unidade, eram completos e inocentes, sem qualquer sinal de vergonha. Uma das primeiras conversas entre Adão e sua companheira deve ter sido a respeito das regras do jardim. Antes que Deus fizesse Eva, já havia concedido a Adão completa liberdade no jardim, junto com a responsabilidade de zelar por ele.

Mas, uma árvore lhe era proibida — a árvore do conhecimento do bem e do mal — Adão teria dito a Eva todas estas coisas. Ela sabia, quando satanás se aproximou, que aquele fruto não poderia ser provado, mas decidiu comê-lo e então ofereceu-o a Adão. Nesse instante o destino da criação estava traçado. Lamentavelmente, Adão não parou para considerar as consequências, ele foi em frente e comeu o fruto. Naquele momento de pequena rebelião, algo grande, belo e livre foi desperdiçado.

A criação perfeita de Deus. Adão foi separado do Criador pelo desejo de agir por si próprio. O efeito em uma janela de vidro é o mesmo se quebrada por uma grande ou pequena pedra — os muitos fragmentos jamais podem ser colados novamente. Deus, entretanto, tinha um plano para vencer os efeitos da rebelião. A Bíblia inteira mostra como este plano se desenvolveu, culminando com a vinda do próprio Deus à terra, por meio de seu Filho Jesus.

Sua vida sem pecado e sua morte possibilitaram o perdão de Deus a todos quanto o desejassem. Nossos pequenos e grandes atos de rebelião provam que somos descendentes de Adão. E somente pedindo perdão a Jesus Cristo podemos nos tornar filhos de Deus. Por ser um homem solitário, sem ter por perto outra pessoa com quem dialogar e dividir seus anseios, Adão vivia em completa tristeza. O Senhor, percebendo essa condição na sua criatura se apressou em dar-lhe uma companheira que lhe fizesse parceria no jardim.

"Então Deus fez cair um pesado sono sobre Adão e este adormeceu. E tomou uma de suas costelas e cerrou a carne em seu lugar. E da costela que o Senhor Deus tomou do homem formou uma mulher, e trouxe-a a Adão". (Gênesis 2: 21,22) A intenção do Criador era tão somente por fim na solidão existente no Homem que criou, queria vê-lo feliz, e de fato conseguiu, mesmo que por pouco tempo, antes que ela desse ouvidos à astuta serpente usada pelo Diabo para convencê-la a pecar.

O termo usado como "sexo frágil" para as mulheres não está diretamente ligado ao fator físico, mas espiritual. Desde o princípio da criação elas tendem a cair e levar junto o homem. Parece que o ele, por ter sido feito do barro e recebido o sopro do fôlego de vida diretamente de Deus em suas narinas, possui maior resistência as propostas de satanás, porém, é sempre vencido quando o convite para experimentar o sabor do pecado vem da mulher.

Mas, afinal, porque a mulher trouxe na bagagem o dom de se iludir facilmente com promessas de poder e grandeza? Para isso, precisamos conhecer mais a respeito de Eva, nossa primeira mãe: "Pouco sabemos a respeito de Eva, a primeira mulher e, portanto, a mãe de todos nós. Eva foi a peça final no maravilhoso e complexo quebra-cabeça da criação de Deus. Agora, Adão tinha outro ser humano com quem podia conviver — Alguém que, também, fora feito a imagem e semelhança de Deus.

Ali estava alguém suficientemente parecido para fazer-lhe companhia e diferente o bastante para um relacionamento. Juntos, eram mais excelentes do que cada um poderia ter sido sozinho. Satanás aproximou-se de Eva no jardim do Éden, onde ela e Adão viviam. Ele questionou sua satisfação. Como poderia ser ela feliz se não lhe era permitido comer o fruto de uma das árvores? Satanás ajudou Eva a desviar seu foco de tudo aquilo que Deus fizera e tinha dado para a única coisa que ele a tinha proibido fazer.

E Eva estava disposta a aceitar o ponto de vista de satanás, sem antes consultar a Deus. Não lhe parece familiar? Quantas vezes nossa atenção é desviada do muito que temos para o pouco que não temos? Surge aquele sentimento "eu tenho que ter isso". Eva representa todos nós e sem dúvida mostramos que somos seus descendentes sempre que repetimos seus erros. Nossos desejos, assim como os dela, podem ser facilmente manipulados.

Eles não são a melhor base para as ações. Precisamos manter Deus presente em nosso processo de decisão constantemente. Sua Palavra, a Bíblia, é o nosso guia, quando se trata de tomar decisões". (Bíblia de Estudo Aplicação Pessoal-versão **Almeida Revista e Corrigida** — Casa Publicadora das Assembleias de Deus, Eva, pg.13, Rio de Janeiro, 1995)

Apesar de toda a culpa pela transgressão ter sido imposta sobre os ombros de Adão, podemos perceber claramente no contexto bíblico que partiu da mulher, e não do homem, a insensatez de aceitar a proposta feita pela serpente, para que comessem do fruto proibido. Foi Eva, e não seu marido, quem primeiro cometeu o ato de desobediência, imaginando alcançar mesmo o poder prometido por satanás. Ele afirmou: "É certo que não morrereis, porque Deus sabe que no dia que dele comerdes se abrirão os teus olhos.

Como Deus, sereis conhecedores do bem e do mal". (Gênesis 3:4,5) Ao ouvir tal explicação, Eva se dispôs a arriscar-se desobedecendo a orientação divina. Comeu do fruto. Entretanto, vemos que o ato praticado pela mulher não foi suficiente o bastante para que o pecado finalmente reinasse e lhe fizesse enxergar o que buscava. Então, certamente foi orientada pelo tentador para que desse de comer também a esposo, afim de que se fizesse o efeito desejado.

Porque Adão precisava experimentar o fruto proibido para que seus olhos se abrissem e vissem o que até ali lhes era oculto? Qual a razão de não surtir efeito apenas com a transgressão de Eva? A resposta é óbvia: A aliança foi feita entre Deus e o homem, bem antes da mulher existir, ele não tinha qualquer compromisso formal com a mulher e sim com o homem. Ao colocar Adão no Éden, deu-lhe a responsabilidade de administrar tudo o que ali existia, inclusive a mulher criada posteriormente.

Portanto, ao permitir que sua esposa comesse o fruto da desobediência e ainda concordar em fazer o mesmo, ele se tornou o maior culpado pela entrada do pecado neste mundo e a consequente maldição da perda de vida eterna que antes possuía. Somente se ele comesse da árvore da ciência do bem e do mal ser-lhe-ia abertos os olhos para compreender a diferença entre estes dois pontos da alma humana, a luz e as trevas espirituais.

No momento em que a mulher foi vencida a cometer seu ato de rebeldia, o próximo passo seria convencer o homem a fazer o mesmo para que as portas se abrissem para o pecado. E, quando isso aconteceu, todo o efeito das trevas passou a reinar neste mundo, envolvendo em escuridão toda a terra e seus moradores. Por essa razão Deus disse a Adão que por sua causa toda a terra seria maldita (Gênesis 3:17a).

Ao ser formado do pó da terra se tornou a coroa da criação, agora, ao se submeter aos caprichos da mulher e da serpente, Adão passou a ser o responsável pela maldição de todos os seus descendentes e pelas coisas terríveis que satanás, através do pecado que reinaria nos seus corpos mortais, viesse a fazer.

## Capítulo 2

## O Propósito de Deus

As intenções de Deus para o homem e a mulher, como sua principal criação, eram as melhores possíveis. A princípio tencionava torna-los seus maiores representantes na terra, por essa razão deu a eles o poder sobre todos os outros seres vivos. Após criar Adão e Eva, colocando-os no jardim, lhes deu autoridades sobre o restante da criação, dizendo:

"Sede fecundos e multiplicai-vos, enchei a terra e sujeitai-a; dominai sobre os peixes do mar, as aves do céu, e sobre todo o animal que rasteja sobre a terra" (Gênesis 1:28) "Nossos primeiros pais tinham tudo para serem perfeitamente felizes, nada lhes faltava para se manterem satisfeitos e fiéis diante de Deus. Além do privilégio de serem os pais de toda a humanidade vindoura, que iriam popularizar todo o planeta. Antes da queda causada pela desobediência, o homem possuía as seguintes atribuições:

1. **ERA CRIATURA DE DEUS** — Na Epístola aos Romanos, o apóstolo Paulo censura os gentios por honrarem mais a criatura do que o Criador (Rm 1.25). E assim, atolados em idolatrias e abominações, lhe menosprezavam a glória, a fim de adorar coisas vãs. O que é isto senão lhe apequenar o senhorio?

Como feituras de Deus, temos por obrigação honrá-lo, porque Ele nos fez e dele somos (Jó 4.17; Ec 12.1).

**2. ERA A IMAGEM E SEMELHANÇA DE DEUS** — O homem foi criado à imagem e semelhança de Deus (Gn 1.26). Devemos, por conseguinte, agir como Deus age (Ef 5.1). Exorta-nos o Mestre: "Assim resplandeça a vossa luz diante dos homens, para que vejam as vossas boas obras e glorifiquem o vosso Pai, que está nos céus" (Mt 5.16).

**3. ERA A COROA DA CRIAÇÃO DIVINA** — Criada por Deus, destaca-se o homem como a coroa da criação (1 Co 11.7), pois tem, como missão, governar tudo quanto o Senhor fizera (Gn 1.28). Mas, devido à sua queda deliberada no Éden, transgredindo à vontade divina (1 Tm 2.14), a criação ficou submissa à vaidade (Rm 8.20-22)". — **ANDRADE, CLAUDIONOR**. As Verdades Centrais da Fé Cristã. Revista Jovens e Adultos, Rio de Janeiro, p4, 2006 —

Após a queda tornou-se inimigo de Deus e impedido de ter acesso a suas bênçãos. A desobediência, inicialmente cometida pela mulher e depois pelo homem, foi uma grande afronta a santidade do Senhor, que merece toda honra, glória e adoração. A causa de tudo não foi simplesmente comer o fruto, mas o descaso do casal ao desrespeitar as determinações de um Ser supremo que não aceita ser escarnecido.

A atitude tomada pelos dois foi de completa falta de temor para com Deus, eles simplesmente zombaram dele ao desobedecer sua ordem de se abster da árvore Dando maior privilégio aos conselhos de satanás que os incentivou a praticarem o ato de rebeldia. Foi-lhes mais fácil e prazeroso obedecer às astutas palavras da serpente, do que atentar para a voz do Criador. Satanás levou o casal a imitar seu mesmo erro, que acabou levando-o à escuridão eterna.

Lemos em Ezequiel 28:14-19, que o primeiro habitante do Éden foi Lúcifer, o anjo de enorme glória que trocou sua importante posição pela escuridão, transformando-se no tentador, o Diabo, depois de ter se rebelado contra Deus e ousado usurpar-lhe o trono. O que resultou na sua expulsão do céu e lançado com os demais anjos que o apoiaram na sua rebelião para fora das mansões celestiais. Antes, porém, de sua expulsão Deus deu-lhe a sentença final.

Selando por toda a eternidade sua condenação às trevas. Assim nos relata o texto bíblico. "Tu eras o querubim, ungido para cobrir, e te estabeleci; no monte santo de Deus estavas, no meio das pedras afogueadas andavas. Perfeito eras nos teus caminhos, desde o dia em que foste criado, até que se achou iniquidade em ti. Na multiplicação do teu comércio encheram o teu interior de violência, e pecaste; por isso te lancei, profanado, do monte de Deus, e te fiz perecer, ó querubim cobridor, do meio das pedras afogueadas.

Elevou-se o teu coração por causa da tua formosura, corrompeste a tua sabedoria por causa do teu resplendor; por terra te lancei, diante dos reis te pus, para que olhem para ti. Pela multidão das tuas iniquidades, pela injustiça do teu comércio profanaste os teus santuários; eu, pois, fiz sair do meio de ti um fogo, que te consumiu e te tornei em cinza sobre a terra, aos olhos de todos os que te veem.

Todos os que te conhecem entre os povos estão espantados de ti; em grande espanto te tornaste, e nunca mais subsistirá". (Ezequiel 28:14-19) É aquele velho adágio popular: " Se não pude ter, ninguém terá". A inveja é a das maiores fraquezas de satanás, aliás ele pode ser considerado o pai deste sentimento imundo que infelizmente tomou conta de grande parte dos seres humanos.

Como ele viu que depois de sua expulsão do céu lhe foi imposta a proibição de retornar, com seus milhares de anjos caídos, para o jardim onde antes habitava e que Deus resolveu a situação. Criando o homem e sua companheira para viver no Éden em seu lugar, planejou leva-los a afrontá-lo, da mesma forma como ele fez anteriormente, pois sabia que assim eles seriam igualmente expulsos de lá. Como de fato aconteceu.

Não conformado em destruir sua própria reputação e dos demais Querubins que o seguiram rebelados, perante o Senhor, satanás agora pretendia fazer o mesmo com a coroa da criação. O Diabo, por odiar a Deus, queria vingança por ter sido jogado como uma coisa sem valor para fora das mansões celestiais, onde antes tinha total acesso (Apocalipse 12:27) e para completar agora via o homem receber o mérito de habitar em sua antiga morada, o Éden.

Daí a ideia de usar a serpente para se aproximar da mulher, mais susceptível ao engano por ser ambiciosa, e através dela chegar até o homem, quem de fato tinha real compromisso com Deus, e convencê-lo a se rebelar. Não foi difícil alcançar seu objetivo. Eva era um alvo fácil, devido sua extrema curiosidade. E Adão, tinha como ponto fraco o extremo amor que sentia por sua mulher, um sentimento tão grande que seria capaz de trocar tudo pela chance de mantê-la sempre ao seu lado.

O plano era perfeito: Faria amizade com a mulher e por ela chegaria a Adão para destruir sua amizade com Deus, e deu certo. Ainda no Éden, antes da rebelião, Lúcifer e seus anjos guardavam o jardim, possuía uma glória única, liderava os demais Querubins, era o chefe da guarda real de Deus. Depois de sua queda, perdeu toda glória e vivia envolto em densas trevas, algo similar aconteceu com o casal criado para substituí-lo.

Antes eram imortais, santos, puros, imortais e gozavam da inteira amizade e confiança do Senhor. Depois da rebelião foram dominados pelo pecado, tornaram-se prisioneiros das trevas e condenaram a esse mesmo fim toda a sua descendência e as gerações futuras. O projeto de Deus para o homem parecia ter falhado, e assim seria se ele não tivesse traçado um plano para resgatá-lo. Ele não pretendia desistir da coroa de sua criação, pois ao dar-lhe a vida tinha projetos importantes para suas criaturas. Vejamos abaixo as principais razões do homem ter sido criado no Éden:

**1. GLORIFICAR O CRIADOR**: Lemos em Primeiro aos Coríntios 11.7, que Deus formou o homem do pó da terra para que este lhe refulgisse a glória. No Éden, Adão não era um mero adorno; era o instrumento da majestade divina.

**2. CULTIVAR A TERRA:** Não são poucos os que imaginam seja o trabalho a maldição que nos adveio por causa do pecado. Nada mais errado de se pensar. Muito antes de o homem cair em transgressão (Gn 3), Deus já o havia encarregado de fazer o plantio da terra e guardar o jardim do Éden. Além disso, o próprio Deus "trabalha até agora" (Jo 5.17). O trabalho é uma das maiores bênçãos na vida do ser humano.

**3. REINAR, EM NOME DE DEUS, SOBRE A CRIAÇÃO**: Deus criou Adão para que reinasse sobre toda a terra (Gn 1.28).

Ele, no entanto, perdeu tal domínio ao se fazer servo do pecado (Rm 8.18-20; 3.9)

— **ANDRADE, Claudionor**. As Verdades Centrais da Fé Cristã. Revista Jovens e Adultos, CPAD - Rio de Janeiro, p5, 2006)

De fato, o maravilhoso projeto de Deus em criar o homem sua imagem e semelhança parecia ter fracassado, o Diabo, a astuta serpente, alcançou seu terrível objetivo e causou a queda espiritual do homem.

Ocasionando a ruptura da antiga amizade e comunhão entre o Criador e sua criatura. De certo que ele e todo o inferno festejavam a suposta vitória, porém não imaginava que um Deus Onisciente e Onipresente não pode ser enganado ou se manter alheio ao que acontece com suas criaturas. Nada lhe fica oculto aos seus olhos e, quando planejou criar o homem já sabia de antemão que seria tentado e cederia a tentação, por isso preparou antecipadamente uma saída, uma forma de resgatá-lo da condenação eterna, ocasionada pelo pecado.

Satanás, acreditou ter saído vitorioso na sua investida contra a criação de Deus, mas, depois de repreender o casal por ter se portado inconvenientemente para com ele, lançando sobre os dois as maldições e castigos dos quais passaram a ser merecedores. Amaldiçoou a serpente e colocou a inimizade entre ela e a mulher, prometendo que no futuro seu fruto pisaria a cabeça da serpente, mesmo que essa lhe ferisse o calcanhar. Isso era uma alusão ao nascimento futuro de Cristo, seu Filho.

Que nasceria de mulher e daria sua vida na cruz para resgatar o homem pecador, condenado a morte eterna por causa da rebelião de seus primeiros pais, e leva-lo novamente a ter comunhão com o Pai, que aguardava tê-lo novamente como herdeiro de sua graça. No momento certo ele enviou ao mundo o Salvador, e mais uma vez o Diabo e todo o inferno se levantou contra o plano redentor de Deus, para resgatar a coroa de sua criação, mas novamente falhou:

"Dotado de livre-arbítrio, o homem pecou contra o seu Deus (Gn 3). A sua transgressão, porém, não pegou a Deus de surpresa (Ap 13.8). Através de Cristo, provê-nos eterna e suficiente redenção, dispensando-nos um tratamento tão especial. Somos, portanto, conhecidos como:

1. **FILHO DE DEU**S: Aceitando a Cristo, o homem não é apenas criatura de Deus, mas filho de Deus (Jo 1.14). Nessa condição, temos livre acesso ao Pai Celeste a quem, amorosa e intimamente, clamamos "Aba, Pai". (Rm 8.15; Gl 4.6).

**2. CO-HERDEIRO DE CRISTO**: Sendo o homem filho de Deus, torna-se imediatamente co-herdeiro de Cristo (Gl 4.7; Rm 8.17), com livre acesso a todos os bens espirituais.

**3. TEMPLO DO ESPÍRITO SANTO**: Nosso corpo é o templo e habitação do Espírito Santo (1 Co 6.19). Conforme já frisamos, é um instrumento de santificação.

**4. A GLORIFICAÇÃO FINAL**: Como se não bastara todas essas bênçãos, os que recebemos a Cristo aguardamos a bem-aventurada esperança — a vinda de Cristo (Tt 2.13). Nossos corpos serão, num abrir e fechar de olhos, gloriosamente transformados. Quanto à morte, não mais terá poder sobre nós. Aleluia!"

— **ANDRADE, CLAUDIONOR**. As Verdades Centrais da Fé Cristã. Revista Jovens e Adultos, Rio de Janeiro, p6, 2006)

## Capítulo 3

## A Redenção Em Cristo

Depois de séculos escravizado sob as correntes do pecado, da violência e morte, apesar de Deus nunca desistir de resgatá-lo de sua vã maneira de viver, finalmente é chegada a hora da redenção do homem, através do escape que seu Criador preparou desde a fundação do mundo mesmo antes dele ser formado do pó da terra.

Logo após a rebelião de nossos primeiros pais no Éden, e de ter sido permitido a entrada do pecado no mundo, as futuras gerações foram formadas sob a influência das mais densas trevas. E a corrupção do gênero humano foi inevitável. A terra se encheu de extrema violência e foi banhada de sangue desde o primeiro homicídio cometido por Caim, quando este lançou-se sobre seu irmão mais moço e o matou.

Devido a inveja que satanás implantou no seu coração por não receber do Senhor a mesma aprovação que Abel. A partir dali passariam a existir na terra dois tipos de linhagem, os filhos de Deus e os filhos do mal. No lugar de Abel nasceu Sete, o terceiro filho de Eva, que ocupou o lugar de Abel, morto por seu irmão mais velho.

Desde então nasciam na terra homens bons e maus, aqueles que temiam e adoravam a Deus e os que se mantinham rebelados contra suas ordenanças. Uns eram guiados pela luz e outros pelas trevas, e o Diabo se apoderava dos maus para tentar destruir os que escolhiam andar no caminho do bem. Aos poucos a maldade foi tamanha que os poucos dignos da atenção de Deus eram apenas Noé e sua família, todo o resto dos homens bons haviam desaparecido da face da terra.

Então, o coração do Senhor se entristeceu e ele se viu obrigado a tomar uma terrível decisão. "Entretanto a corrupção aumentava em toda a terra. E Deus via isso. A violência alastrava por toda a parte. Portanto Deus, ao verificar como todo o género humano se tinha deixado arrastar para a depravação e o vício, disse a Noé: Decidi acabar com toda a humanidade, porque a terra está cheia de crime e perversão por causa do ser humano. Por isso os destruirei". (Gênesis 6:8)

Apesar de ter criado um plano redentor para resgatar a humanidade da prisão do pecado, que lhes foi imputada por causa da desobediência do primeiro casal ainda no Éden. Naquele momento Deus se viu tão decepcionado com os rumos tomados pelo homem que não reagia no intuito de se libertar do domínio de Satanás, que lhe pareceu melhor destruí-lo para sempre. Porém, ainda pôde encontrar entre as cinzas da maldade um homem e sua família que escolheu se manter obediente ao seu Deus. E poupou-lhe a vida.

Noé foi, portanto, a semente que restou da antiga geração vinda diretamente de Adão e Eva. Dele, o Senhor decidiu formar uma nova descendência na esperança de que dessa vez as coisas seriam diferentes e o homem fosse mais propenso ao bem e rejeitasse o mal. Afinal, tanto Noé como seus filhos eram homens dignos, fiéis e inclinados a obedecer.

Mas não foi bem assim que as coisas aconteceram, as gerações futuras se tornaram piores que as antigas, por isso o mundo antigo e seus moradores foi destruído pelas águas do dilúvio. Mas a semente da maldade que os corrompeu permaneceu vivo para contaminar os novos habitantes da terra. Satanás e seus demônios permaneceram na escuridão e levou junto todos quanto morreram sob as águas do dilúvio, milhares de almas condenadas a viver na escuridão, este foi o saldo da colheita maldita do inimigo de Deus.

Não tinha outra opção, a saída era o Pai colocar seu plano em ação o quanto antes para libertar quantos fosse possível das garras do maligno. Mas o tal plano de resgate trazia consigo um preço muito alto, um sacrifício enorme até mesmo para um Deus. Ele teria que entregar seu único Filho para ser torturado e morto na cruz, afim de que os pecados de toda a humanidade fossem perdoados e essa tivesse a oportunidade de retornar à uma convivência harmoniosa com seu Criador. Não existia em todo o Reino

Celeste um só ministro de Deus que tivesse a coragem necessária para tomar o lugar do Filho para vir morrer pelos pecados da raça humana. A missão era por demais dolorosa e somente alguém capaz de tamanho amor poderia colocá-la em prática. Isaías, o "profeta messiânico", descreve de forma profética o momento exato em que Deus pergunta a todos os presentes no seu Reino, quem estaria disposto a cumprir tamanho sacrifício, ninguém se habilita e o Filho se oferece, dizendo:

"Envia-me a mim". Somente ele, por nos amar de uma forma inexplicável, teve a coragem de enfrentar o carrasco e a cruz. Para dar ao homem a oportunidade de retornar para o Pai. Lemos através dos escritos do profeta: "Depois ouvi o Senhor perguntar: Quem enviarei como mensageiro ao seu povo? Quem irá por nós? E eu disse: Vou eu! Envia-me a mim" (Isaías 6:8)

Após acertar a vinda do Filho e este está de pleno acordo, agora é avisar a virgem escolhida que ela ficaria grávida pelo poder do Espírito Santo e daria a luz a um menino, e ele se chamaria Jesus. Coube ao Serafim Gabriel a missão de trazer o recado de Deus para a futura mãe do Redentor, ali dava-se início o plano de redenção da humanidade: "Passados seis meses, Deus mandou o anjo Gabriel a Nazaré, uma localidade da Galileia, a uma virgem, Maria, prometida em casamento a um homem chamado José, descendente do rei David.

Gabriel apareceu-lhe e disse: Eu te saúdo, mulher favorecida! O Senhor está contigo! Confusa e perturbada, Maria perguntava a si própria o que quereria o anjo dizer com aquelas palavras. Não tenhas medo, Maria, continuou o anjo, porque Deus vai dar-te uma bênção maravilhosa! Muito em breve ficarás grávida e terás um menino, a quem chamarás Jesus. Será grande - será chamado Filho do Altíssimo. O Senhor Deus lhe dará o trono do seu antepassado, o rei David. Governará sobre a descendência de Israel para sempre.

O seu reino jamais terá fim! Maria, então, perguntou ao anjo: Mas como posso ter um filho se sou virgem? O anjo respondeu: O Espírito Santo virá sobre ti, e o poder do Deus altíssimo cobrir-te-á como uma sombra; por isso, o menino que de ti vai nascer será santo, e será chamado o Filho de Deus. Além disso, também há seis meses Isabel, a tua parente, que toda a gente considerava estéril, ficou grávida, apesar da sua velhice! Porque nada é impossível para Deus.

E Maria respondeu: Dependo só do Senhor. Que se faça em mim segundo o que disseste. Que aconteça comigo tudo o que disseste. Então o anjo desapareceu. Alguns dias mais tarde, Maria foi apressadamente às terras montanhosas da Judeia, à vila onde Zacarias morava, para visitar Isabel. Quando Maria saudou a prima, o menino de Isabel saltou no seu ventre, e Isabel ficou cheia do Espírito Santo.

Com grande contentamento, Isabel exclamou, dirigindo-se a Maria: Bendita és tu entre as mulheres, e bendito é o filho que estás a gerar. Grande honra é esta, a de ser visitada pela mãe do meu Senhor! Quando me deste a tua saudação, no momento em que ouvi a tua voz, o menino saltou de alegria dentro de mim! És feliz por teres crido que Deus cumpriria as coisas que te foram ditas. Maria ficou com Isabel cerca de três meses e depois voltou para casa. (Lucas 1:17-26) Pronto, tudo encaminhado para a vinda do Salvador a este mundo dominado pelas trevas.

O inimigo de Deus e carrasco do homem também começou a traçar seus projetos de eliminar permanentemente com a vida do Filho, como forma de vingar-se do Pai Celestial. Certamente ele deve ter imaginado que como o Senhor ocuparia a forma humana para habitar entre os mortais, se tornaria possível mata-lo em definitivo. Logo após o nascimento de Jesus Satanás dedicou-se a usar de toda a sua influência maligna para deter sua existência neste mundo.

Começando pela perseguição contra o menino Jesus, que resultou na morte de centenas de outras crianças inocentes, e levou José e Maria ter que se tornarem fugitivos. Mas não teve êxito algum nessa empreitada. O menino cresceu e aos trinta anos de idade iniciou seu ministério terreno, depois de ser batizado por seu primo, o profeta João no rio Jordão e receber cem por cento da unção poderosa do Espírito Santo.

Michael Lawrence, descreve a queda do homem e a vinda de Cristo para resgatá-lo, dessa forma: "É quando compreendemos a história da Queda (e só então), é que entendemos o porquê a mensagem do cristianismo é uma boa notícia. No evangelho, Deus consolidou a *cura* para a Queda, o resgate dessa terrível e contínua queda para o inferno. Jesus, é a cura da Queda. Em Mateus 4, nós vemos algo absolutamente extraordinário.

O Filho de Deus se tornou homem. Assim como Adão antes da Queda, Jesus não foi gerado em pecado, mas foi concebido diretamente pelo Espírito Santo. Assim como Adão antes da Queda, Jesus é chamado a obedecer a Deus diante de um terrível ataque satânico. Porém, é aí que as similaridades com Adão terminam. Enquanto Adão permanecia de estômago cheio no Paraíso, Jesus permaneceu no deserto de nosso exílio de Deus com a barriga vazia durante quarenta dias de jejum.

Enquanto Adão teve o auxílio de uma esposa, Jesus estava só, enquanto Adão tinha apenas um mandamento a obedecer, Jesus tinha a lei como um todo para obedecer e cumprir. Começando pelo deserto e seguindo até o Calvário, Jesus fez aquilo que Adão falhou em cumprir. Ele resistiu a tentação de Satanás de exaltar-se à sua própria maneira, seja transformando pedras em pães ou descendo da cruz. Jesus decidiu obedecer a Deus livremente, ainda que isso o levasse à morte (João 10.18).

"Não se faça a minha vontade, e sim a tua", disse ele em Lucas 22.42. Diferente de Adão, ele não buscou a própria glória, mas a deixou de lado para que o Pai fosse glorificado. A ironia é rica e profunda. Diferente de Adão, Jesus era, em sua própria natureza, Deus. Ele tinha todo o direito de buscar a sua glória! Mas como Paulo diz em Filipenses 2.6, Jesus "não considerou que o ser igual a Deus era algo a que devia apegar-se; mas esvaziou-se a si mesmo, vindo a ser servo, tornando-se semelhante aos homens" (NVI).

E então, enquanto servo, Jesus sofreu o julgamento de Deus. Ele não mereceu esse julgamento. Pelo contrário, ele o sofreu no lugar daqueles que mereciam. Jesus encarou a espada flamejante de Deus, aquela que guardava o caminho de volta ao Jardim e à presença de Deus, e ele o atravessou à custa de sua própria vida.

Ele o fez para que qualquer pessoa que se arrependesse de sua idolatria e se voltasse a Cristo pela fé encontrasse perdão dos seus pecados e reconciliação com Deus. Ele fez isso para que pudéssemos ser bem-vindos ao lar novamente. Paulo diz em Romanos 5: "porque, se, pela ofensa de um só, morreram muitos, muito mais a graça de Deus e o dom pela graça de um só homem, Jesus Cristo, foram abundantes sobre muitos".

Tal dádiva é o oposto da maldição: perdão ao invés de condenação, vida ao invés de morte, reconciliação ao invés de exílio. No final da visão de João, no livro de Apocalipse, nós vemos um incrível retrato da misericórdia encontrada mesmo em meio ao julgamento de Deus. Em Apocalipse 22:12 Jesus diz: "E eis que venho sem demora, e comigo está o galardão que tenho para retribuir a cada um segundo as suas obras".

Considerando a história da Queda, tal afirmação não soa como boas novas. Porém, ele continua. "Eu sou o Alfa e o Ômega, o Primeiro e o Último, o Princípio e o Fim. Bem-aventurados aqueles que lavam as suas vestiduras [no sangue do Cordeiro], para que lhes assista o direito à árvore da vida, e entrem na cidade pelas portas". (Ap 22.13-14). No dia em que Adão e Eva se rebelaram, o Filho de Deus, o Alfa e o Ômega, estava lá.

De acordo com a direção da Trindade, tal determinação foi consolidada. "Eis que o homem se tornou como um de nós, conhecedor do bem e do mal; assim, que não estenda a mão, e tome também da árvore da vida, e coma, e viva eternamente". (Gn 3.22). E assim Adão e Eva foram banidos e a espada em chamas foi posicionada no seu lugar. Há muito nesse verso que não entendemos, no entanto isto é claro:

A decisão de Deus de restringir Adão e Eva de comer da árvore da Vida não foi somente um ato de juízo, mas também de misericórdia. Viver eternamente como um pecador não-redimido é certamente a definição do inferno. Com tal ato de expulsão, Deus preveniu o inferno para as criaturas que criou. Por todo o resto da história, Deus continuou a agir em juízo com a misericórdia em vista, pois os seus julgamentos temporais restringem que seu povo o provoque além da medida, trazendo, assim, a história à uma conclusão prematura.

Definitivamente, Apocalipse nos ensina que o Filho do Homem posicionou a espada na entrada do Jardim do Éden não somente para manter Adão do lado de fora, mas para que no tempo certo ele mesmo, Jesus, pudesse passar por esse caminho no lugar de pecadores como você e eu. Tendo satisfeito e encarado a espada do juízo de Deus na cruz por nós, Jesus agora nos convida a caminhar de volta, a entrar pelo portão e comer da Árvore da Vida"

O ministério terreno de Cristo durou apenas três anos, porém teve um impacto tão grande que ainda hoje alcança milhares de pessoas em todo o mundo. Seus importantes ensinamentos atravessaram fronteiras e transformado mais vidas do que aquela quantidade de almas mortas durante o dilúvio, nos tempos de Noé. O maligno tentou impedir seu ministério desafiando-o em vão no deserto (Mateus 4:1-11) Influenciou os fariseus para contestar sua doutrina de salvação e acusa-lo de blasfêmia (Marcos 2:27)

Aproveitou a fraqueza espiritual de Judas, um dos doze, para trair seu Mestre e depois fez com que o peso da culpa o levasse ao suicídio (Mateus 27:5) e por fim, pensando ter alcançado seu objetivo, acendeu a ira dos inimigos de Cristo, que o martirizaram e o pregaram numa cruz (Mateus 27:33-55) Novamente houve uma grande festa no inferno.

As trevas festejavam aquilo que acreditavam ter sido uma grande vitória. O inimigo de Deus alegrava-se comemorando a morte de Jesus na cruz, como um criminoso qualquer. Três dias depois veio a decepção do pai da mentira e mestre do engano: Jesus ressuscitou dentre os mortos. Antes de se manifestar para seus discípulos, o Senhor desce ao inferno, anuncia aos cativos sua missão de redenção aos perdidos e, após evangeliza-los, humilha Satanás e toma de suas mãos o poder sobre a morte. (1 Pedro 3:19)

Atordoado, o anjo caído não consegue acreditar que foi vencido mais uma vez por Deus, sua revolta, entretanto, não tem poder para evitar a vitória divina. Jesus, então manifesta-se primeiramente para as mulheres, depois aos doze e lhes faz a promessa de que estaria com eles durante suas provações, e que as portas do inferno não prevaleceriam contra sua igreja, que estava sendo formada a partir daquele momento (Mateus 16:17)

Cristo, após vencer o Diabo e a morte, retornou aos céus de onde veio, na terra, porém, deixou seus apóstolos e todos os salvos para dar continuidade a missão de anunciar suas verdades, através da pregação do evangelho, e assim alcançar todos os que ainda permanecessem acorrentados pelo pecado. O ide de Jesus passou a ecoar mais fortemente pela boca dos novos cristãos que formavam a igreja primitiva, almas eram libertas das amarras da maldição proveniente da rebeldia de nossos antigos pais.

E a cada dia o maligno perdia mais e mais seus escravos, acorrentados pela ignorância de desconhecer as misericórdias de Deus. No entanto, o adversário de Deus, inconformado por perder mais uma de suas tentativas em impedir os projetos divinos a favor do homem decidiu atacar este diretamente, usando todas as armas disponíveis, neste caso, os opositores da fé. Depois de crucificarem o Messias.

Acreditando-se que colocariam um fim definitivo nos seus ensinamentos e dessa forma impedir o crescimento da igreja formada por seus discípulos. Os doutores da Lei, compostos pelos principais inimigos das Boas Novas de salvação que o Senhor trouxe a todos aqueles que cressem nos seus ensinamentos e se arrependessem verdadeiramente de seus pecados, reuniram-se num conselho no sinédrio e decidiram perseguir os cristãos, e os primeiros a serem vítimas da perseguição foram Pedro e João.

Isso, devido à grande influência que os dois tinham diante do povo que lhes ouviam e se convertiam ao cristianismo (Atos 4:1-42) Em seguida, Estevão, um admirável Diácono que pelo poder do Espírito Santo testemunhou grandemente contra os líderes da oposição a Cristo e foi apedrejado até a morte(Atos 7: 1-60) E desde então deu início oficialmente a perseguição e morte aos escolhidos de Deus (Atos 8:1-3) Entretanto, Saulo, o principal perseguidor da igreja   teve um real encontro com o Senhor no caminho de Damasco (Atos 9:1-15)

E, mais uma vez, os planos do maligno começaram a ir de água a baixo, pois a saída de Saulo, agora convertido ao evangelho, do meio dos perseguidores da igreja enfraqueceu bastante seu intento de parar o avanço da redenção dos pecadores, enquanto que o crescimento da igreja se tornava notório a cada dia que passava. O Espírito Santo de Deus era derramado sobre os que se convertiam a Cristo.

E era notório o poder recebido pelos cristãos, confirmando as promessas feitas por Jesus de que iria, mas enviaria um Consolador para guiar sua igreja por onde tivesse que ir anunciar o seu Evangelho e para lhe conferir vitória diante de seus opositores. "Jesus Cristo prometeu a Seus discípulos: O "Consolador, o Espírito Santo, que o Pai enviará em Meu nome, esse vos ensinará todas as coisas.

E vos fará lembrar de tudo quanto vos tenho dito". João 14:26. "Quando vier aquele Espírito de verdade.Ele vos guiará em toda a verdade; ... e vos anunciará o que há de vir". João 16:13. As Escrituras claramente ensinam que estas promessas, longe de se limitarem aos dias apostólicos, se estendem à igreja de Cristo em todos os séculos. O Salvador afirma a Seus seguidores: "Estou convosco todos os dias, até à consumação dos séculos". Mateus 28:20.

E Paulo declara que os dons e manifestações do Espírito foram postos na igreja para: "O aperfeiçoamento dos santos, para a obra do ministério, para edificação do corpo de Cristo; até que todos cheguemos à unidade da fé, e ao conhecimento do Filho de Deus, [11] a varão perfeito, à medida da estatura completa de Cristo. (Efésios 4:12, 13) A favor dos crentes da igreja de Éfeso o apóstolo Paulo orava "para que o Deus de nosso Senhor Jesus Cristo, o Pai da glória, vos conceda espírito de sabedoria e de revelação no pleno conhecimento dele.

Iluminados os olhos do vosso coração, para saberdes qual é a esperança do seu chamamento... E qual a suprema grandeza do Seu poder para com os que cremos, segundo a eficácia da força do seu poder". Efésios 1:17-19. Era a ministração do Espírito na iluminação do entendimento e desvendamento dos olhos do espírito humano para penetração das coisas profundas da Palavra de Deus, que o apóstolo suplicava para a igreja de Éfeso

. Depois da maravilhosa manifestação do Espírito Santo no dia de Pentecoste, Pedro exortou o povo a arrepender-se e batizar-se em nome de Cristo, para a remissão de seus pecados; e disse ele: "E recebereis o dom do Espírito Santo; porque a promessa vos diz respeito a vós, a vossos filhos, e a todos os que estão longe: a tantos quantos Deus nosso Senhor chamar".( Atos 2:38, 39) — **WHITE, HELLEN.** O Conflito dos Séculos, Estate, Inc, 2013

"E, cumprindo-se o dia de Pentecostes, estavam todos no mesmo lugar, e de repente veio do céu um som, como de um vento veemente e impetuoso, e encheu toda a casa em que estavam assentados. E foram vistas por eles línguas repartidas, como que de fogo, as quais pousaram sobre cada um deles. Então todos foram cheios do Espírito Santo, e começaram a falar noutras línguas, conforme o Espírito Santo lhes concedia que falassem. (Atos 2:1-4)

# Capítulo 4. Morrer Pela Fé

## 4.1 Estevão, o Primeiro Márti

Estevão, além de ser um bom administrador, foi também um poderoso orador. Quando confrontado no templo por vários grupos antagônicos ao cristianismo, usou uma lógica convincente para refutá-los. Isto fica claro na defesa de fé que ele fez diante do Sinédrio. Estevão apresentou um resumo da história dos judeus e fez poderosas aplicações das Escrituras, o que atormentou seus ouvintes. Durante seu discurso ele provavelmente percebeu que estava redigindo uma sentença de morte.

Os membros do Sinédrio não podiam suportar que suas motivações "malignas" fossem expostas. Apedrejaram Estevão até a morte enquanto ele orava pedindo ao Senhor que os perdoasse. As palavras finais do discípulo demonstram o quanto ficou parecido com Jesus em pouco tempo. A morte de Estevão causou um duradouro impacto sobre o jovem Saulo de Tarso. Que depois daquele episódio deixou de ser um violento perseguidor dos cristãos para tornar-se um dos maiores defensores e pregadores do evangelho que a igreja já conheceu.

A vida de Estevão é um desafio contínuo a todos os cristãos da atualidade. Por ter sido ele o primeiro a morrer pela fé, seu sacrifício suscita algumas perguntas: Quantos riscos corremos por sermos seguidores de Jesus? Estaríamos, hoje, dispostos a morrer por ele? Estamos realmente dispostos a viver para a fé?" — Bíblia de Aplicação Pessoal. Comentário Sobre Estevão. Almeida Revista e Corrigida. CPAD, 1ª edição, p1490, 2003

## 4.2 Mantendo-se Fiel

"Estêvão foi o primeiro a padecer o martírio, logo que nascia a igreja de primitiva. Sua morte ocorreu por sua incontestável fé e fidelidade com que se dedicou a pregar o evangelho aos responsáveis pela morte de Cristo. O ódio desses homens chegou a tal ponto de arrastarem o fiel Diácono para fora da cidade e o apedrejaram até a morte. Conforme relatos da época que acabaram virando partes históricas sobre a igreja primitiva, o martírio de Estêvão deu-se um ano depois da morte e ressurreição de Jesus Cristo, durante a primavera.

Depois daquele acontecido, deu-se início a uma grande perseguição contra todos os que professavam ter fé no Filho de Deus e o reconheciam como o verdadeiro Messias predito pelos profetas que o antecederam e afirmaram que viria. Lucas, o apóstolo, relata que " se fez naquele dia uma grande perseguição contra a igreja que estava em Jerusalém e todos foram dispersos pelas terras da Judéia e Samaria, com exceção dos apóstolos. Cerca de dois mil cristãos, inclusive Nicanor, um dos sete Diáconos, foram mortos durante a tribulação que sobreveio no tempo de Estêvão. "Os quais também mataram o Senhor Jesus e os seus próprios profetas, e nos têm perseguido; e não agradam a Deus, e são contrários a todos os homens"

.(1Tessalonicenses 2:15) **BÍBLIA APLICAÇÃO PESSOAL** – Comentário sobre Atos dos Apóstolos, CPAD, p1490,200.

Será que em nossos dias seríamos capazes de tamanha prova de fé em defesa do Evangelho que Cristo nos deixou. Como bussola para chegarmos à glória que ele mesmo prometeu que nos daria? Será que no coração da igreja moderna ainda arde a mesma chama de amor pelas almas perdidas ao ponto de se sacrificar em prol de sua salvação, como o Filho de Deus fez e, igualmente a ele, homens como Estevão e os demais mártires fizeram nos séculos seguintes, depois de sua ascensão aos céus?

Afinal, quem somos nós, os cristãos da atualidade, verdadeiros representantes de Cristo, atalaias, dispostos a bradar bem alto diante deste mundo completamente dominado pela influência de satanás. Que somente por Jesus há real esperança de salvação, mesmo que isso custe nossa liberdade ou a própria vida, ou covardes que se calam por medo das ameaças daqueles que menosprezam o infinito amor de nosso Salvador? A verdade é que na atualidade a maioria dos cristãos sequer tem noção do quanto de sangue inocente foi derramado nos primórdios da igreja.

Período em que esta foi perseguida pelos inimigos da cruz de Cristo, influenciadas e lideradas pelo Diabo. A antiga serpente que fez tropeçar nossos primeiros pais no éden, a batalha travada entre Deus e o maligno começou no princípio da criação e persistirá enquanto existir vida humana na terra e o ser humano será sempre a maior vítima dos ataques infernais, pois, apesar da queda, o homem ainda é a imagem e semelhança de Deus. Apesar da promessa feita por Jesus que as portas do inferno não irão prevalecer contra sua igreja, o perverso usurpador conseguiu, por muitos séculos, a façanha de martirizar os discípulos de Cristo.

A história registrou os episódios de sofrimento, angústia e dor vivida por famílias inteiras que sofreram a perseguição dos inimigos do Evangelho e, consequentemente, de todos quanto confessaram ter viva fé no Redentor. Os primeiros cristãos a sacrificar suas vidas para que hoje tivéssemos a liberdade de servir a Deus sem qualquer proibição, foram os apóstolos e demais obreiros que formavam o corpo ministerial da primeira igreja.

Todos os que foram separados pelo Senhor para dar continuidade a missão de levar a salvação oferecida pelo Messias até os confins da terra, foram presos, torturados e mortos. Eram homens determinados a morrer pela nova fé que de Cristo receberam, como fez Estevão, os demais morreram sem negar sua confiança nas promessas de redenção que ele havia lhes feito enquanto esteve no meio deles. Acreditavam piamente que ele tinha ido lhes preparar lugar e que em breve voltaria para leva-los ao descanso celestial.

Nada os faria perder tal esperança, nem mesmo a tortura mais perversa, o fogo ou o tormento da cruz lhes motivava a regredir nessa certeza. John Fox, nascido no ano de 1517, no condado inglês de Lincolnshire, aprofundou-se no estudo das Sagradas Escrituras. E, através de uma profunda pesquisa em textos escritos por homens que o Espírito Santo capacitou para registrar todas as mais terríveis barbaridades praticadas contra os cristãos no decorrer dos séculos.

Cada um na sua devida época, conseguiu juntar na sua mais importante obra um perfeito resumo daquilo pelo qual passou a igreja do Senhor, desde o martírio dos discípulos até o ano de 1800. Nos dando uma visão panorâmica do quanto sofreram os antigos cristãos em prol da liberdade religiosa e da fé que hoje professamos, mesmo as vezes sem dar a ela o devido valor, nem reconhecermos completamente que essa mesma liberdade custou um preço altíssimo.

Totalmente lavada pelo sangue de nossos inocentes e destemidos irmãos. Homens como Fox, e vários outros historiadores, foram conduzidos por Deus para registrar a trajetória da igreja, desde o seu princípio em Jerusalém até o século catorze, época da Reforma Protestante. Tempo onde muitos outros defensores passaram a lutar a favor da liberdade religiosa, sujeita as vontades papais e do catolicismo.

Nesse longo espaço de tempo a noiva de Cristo foi extremamente perseguida e martirizada. Muitos perderam suas vidas pregados na cruz à semelhança de seu Mestre Jesus, queimados vivos em fogueiras, servindo de espetáculo público aos opositores da cristandade, entregues para serem comidos vivos por animais ferozes, virgens eram enterradas vivas por não negar a fé, outros decapitados, serrados, rasgados ao meio.

Todas essas atrocidades foram praticadas sob a ordem dos vários imperadores romanos que, dominados por satanás, eram impelidos a tentar conter o avanço do plano salvação criado por Deus bem antes da queda de Adão e Eva no jardim. "Os quais pela fé venceram reinos, praticaram a justiça, alcançaram promessas, fecharam as bocas dos leões. Apagaram a força do fogo, escaparam do fio da espada, da fraqueza tiraram forças, na batalha se esforçaram, puseram em fuga os exércitos dos estranhos.

As mulheres receberam pela ressurreição os seus mortos; uns foram torturados, não aceitando o seu livramento, para alcançarem uma melhor ressurreição. E, outros, experimentaram escárnios e açoites, e até cadeias e prisões. Foram apedrejados, serrados, tentados, mortos ao fio da espada; andaram vestidos de peles de ovelhas e de cabras, desamparados, aflitos e maltratados (Dos quais o mundo não era digno).

Errantes pelos desertos, e montes, e pelas covas e cavernas da terra". (Hebreus 11:33-38) Na semelhança do Mestre, que também foi humilhado diante de seus inimigos que zombavam e escarneciam de seu martírio, aqueles cristãos doaram-se a morte para que hoje o evangelho chegasse até os confins da terra e alcançasse a todos nós. "E por cima da sua cabeça puseram escrita a sua acusação: Este é Jesus, o rei dos judeus. E foram crucificados com ele dois salteadores, um à direita, e outro à esquerda.

E os que passavam blasfemavam dele, meneando as cabeças, e dizendo: Tu, que destróis o templo, e em três dias o reedificas, salva-te a ti mesmo. Se és Filho de Deus, desce da cruz. E da mesma maneira também os príncipes dos sacerdotes, com os escribas, e anciãos, e fariseus, escarnecendo, diziam: Salvou os outros, e a si mesmo não pode salvar-se. Se é o Rei de Israel, desça agora da cruz, e creremos nele. Confiou em Deus; livre-o agora, se o ama, porque disse: Sou Filho de Deus. E o mesmo lhe lançaram também em rosto os salteadores que com ele estavam crucificados". (Mateus 27:28-44)

# 5. O Martírio Dos Apóstolos

C omo forma de intimidar os cristãos que se multiplicavam dia após dia, formando um grande número de seguidores do Evangelho, abdicando da idolatria romana e se negando a aceitar os ditames de uma monarquia corrompida pela mente satânica que a comandava, foi determinada uma caçada mortal aos líderes da igreja, mostrando aos demais cristãos o que lhes aconteceria caso não retrocedessem da nova fé recebida.

No entanto, o que acontecia era que cada vez que um dos apóstolos do Senhor eram presos e mortos, nasciam novos convertidos. E a multidão de discípulos só aumentava. Em seu mundialmente conhecido livro "O Conflito dos Séculos", Hellen G. White descreve este cenário ocorrido nos primórdios da igreja: "A história da igreja primitiva testificou do cumprimento das palavras do Salvador. Os poderes da Terra e do inferno arregimentaram-se contra Cristo na pessoa de Seus seguidores.

O paganismo previa que se o evangelho triunfasse, seus templos e altares desapareciam; portanto convocou suas forças para destruir o cristianismo. Acenderam-se as fogueiras da perseguição. Os cristãos eram despojados de suas posses e expulsos de suas casas. Suportaram "grande combate de aflições". (Hebreus 10:32) "Experimentaram escárnios e açoites, e até cadeias e prisões". (Hebreus 11:36) Grande número deles selaram seu testemunho com o próprio sangue.

Nobres e escravos, ricos e pobres, doutos e ignorantes, foram de igual modo mortos sem misericórdia. Estas perseguições, iniciadas sob o governo de Nero, aproximadamente ao tempo do martírio de Paulo, continuaram com maior ou menor fúria durante séculos. Os cristãos eram falsamente acusados dos mais hediondos crimes e tidos como a causa das grandes calamidades — fomes, pestes e terremotos. Tornando-se eles um objeto do ódio e suspeita popular, prontificaram-se denunciantes, por amor ao ganho, a trair os inocentes.

Eram condenados como rebeldes ao império, como inimigos da religião e peste da sociedade. Grande número deles eram lançados às feras ou queimados vivos nos anfiteatros. Alguns eram crucificados, outros cobertos com peles de animais bravios e lançados à arena para serem despedaçados pelos cães. De seu sofrimento muitas vezes se fazia a principal diversão nas festas públicas. Vastas multidões reuniam-se para gozar do espetáculo e saudavam os transes de sua agonia com riso e aplauso.

Onde quer que procurassem refúgio, os seguidores de Cristo eram caçados como animais. Eram forçados a procurar esconderijo nos lugares desolados e solitários. "Desamparados, aflitos e maltratados. 'Dos quais o mundo não era digno), errantes, pelos desertos, e montes, e pelas covas e cavernas da terra". (Hebreus 11:37, 38). As catacumbas proporcionavam abrigo a milhares. Por sob as colinas, fora da cidade de Roma, longas galerias tinham sido feitas através da terra e da rocha.

O escuro e complicado trama das comunicações estendia-se quilômetros além dos muros da cidade. Nestes retiros subterrâneos, os seguidores de Cristo sepultavam os seus mortos; e ali também, quando suspeitos e proscritos, encontravam lar. Quando o Doador da vida despertar os que pelejaram o bom combate, muitos que foram mártires por amor de Cristo sairão dessas sombrias cavernas.

Sob a mais atroz perseguição, estas testemunhas de Jesus conservaram incontaminada a sua fé. Posto que privados de todo conforto, excluídos da luz do Sol, tendo o lar no seio da terra, obscuro, mas amigo, não proferiam queixa alguma. Com palavras de fé, paciência e esperança, animavam-se uns aos outros a suportar a privação e angústia, a perda de toda a bênção terrestre não os poderia forçar a renunciar sua crença em Cristo.

Provações e perseguição não eram senão passos que os levavam para mais perto de seu descanso e recompensa. Como aconteceu aos servos de Deus de outrora, muitos "foram torturados, não aceitando o seu livramento, para alcançarem uma melhor ressurreição". Hebreus 11:35. Estes se recordavam das palavras do Mestre, de que, quando perseguidos por amor de Cristo, ficassem muito alegres. Pois que grande seria seu galardão no Céu, porque assim tinham sido perseguidos os profetas antes deles.

Regozijavam-se de que fossem considerados dignos de sofrer pela verdade. E cânticos de triunfo ascendiam dentre as chamas crepitantes. Pela fé, olhando para cima, viam Cristo e os anjos apoiados sobre as ameias do Céu, contemplando-os com o mais profundo interesse, com aprovação considerando a sua firmeza. Uma voz lhes vinha do trono de Deus: "Sê fiel até à morte, e dar-te-ei a coroa da vida" (Apocalipse 2:10)

Nulos foram os esforços de Satanás para destruir pela violência a igreja de Cristo. O grande conflito em que os discípulos de Jesus rendiam a vida. Não cessava quando estes fiéis porta-estandartes tombavam em seus postos. Com a derrota, venciam. Os obreiros de Deus eram mortos, mas a Sua obra ia avante com firmeza. O evangelho continuava a espalhar-se, e o número de seus aderentes a aumentar. Penetrou em regiões que eram inacessíveis, mesmo às águias romanas.

Disse um cristão, contendendo com os governadores pagãos que estavam a impulsionar a perseguição: Podeis "matar-nos, torturar-nos condenar-nos. Vossa injustiça é prova de que somos inocentes. ... Tampouco vossa crueldade... vos aproveitará". Não era senão um convite mais forte para se levarem outros à mesma persuasão. "Quanto mais somos ceifados por vós, tanto mais crescemos em número; o sangue dos cristãos é semente". — Apologia, de Tertuliano, parágrafo 50.

Milhares eram aprisionados e mortos, mas outros surgiam para ocupar as vagas. E os que eram martirizados por sua fé tornavam-se aquisição de Cristo, por Ele tidos na conta de vencedores. Haviam pelejado o bom combate, e deveriam receber a coroa de glória quando Cristo viesse. Os sofrimentos que suportavam, levavam os cristãos mais perto uns dos outros e de seu Redentor. Seu exemplo em vida, e seu testemunho ao morrerem, eram constante atestado à verdade.

E, onde menos se esperava, os súditos de Satanás estavam deixando o seu serviço e alistando-se sob a bandeira de Cristo. Satanás, portanto, formulou seus planos para guerrear com mais êxito contra o governo de Deus, hasteando sua bandeira na igreja cristã. Se os seguidores de Cristo pudessem ser enganados e levados a desagradar a Deus, falhariam então sua força, poder e firmeza, e eles cairiam como presa fácil. O grande adversário se esforçou então por obter pelo artifício aquilo que não lograra alcançar pela força.

Cessou a perseguição, e em seu lugar foi posta a perigosa sedução da prosperidade temporal e honra mundana. Levavam-se idólatras a receber parte da fé cristã, enquanto rejeitavam outras verdades essenciais. Professavam aceitar a Jesus como o Filho de Deus e crer em Sua morte e ressurreição; mas não tinham a convicção do pecado e não sentiam necessidade de arrependimento ou de uma mudança de coração.

Com algumas concessões de sua parte, propuseram que os cristãos fizessem outras também, para que todos pudessem unir-se sob a plataforma da crença em Cristo. A igreja naquele tempo encontrava-se em terrível perigo. Prisão, tortura, fogo e espada eram bênçãos em comparação com isto. Alguns dos cristãos permaneceram firmes, declarando que não transigiriam. Outros eram favoráveis a que cedessem, ou modificassem alguns característicos de sua fé, e se unissem aos que haviam aceito parte do cristianismo.

Insistindo em que este poderia ser o meio para a completa conversão. Foi um tempo de profunda angústia para os fiéis seguidores de Cristo. Sob a capa de pretenso cristianismo, Satanás se estava insinuando na igreja a fim de lhe corromper a fé e desviar-lhe a mente da Palavra da verdade". — WHITE, HELLEN. O Conflito dos Séculos. O Valor dos Mártires, Estate, Inc, p32, 2013 — Certamente que o inimigo número um da noiva de Cristo não iria se contentar em cruzar os braços.

Ne ver os planos de redenção que o Pai, através do sacrifício feito pelo Filho no Calvário, livrasse de suas mãos o homem e sua descendência. Que ele aprisionou nas algemas do pecado desde os primórdios da existência da vida humana. Meio aos muitos fiéis existiam sempre alguns "Judas" que ele poderia usar contra os verdadeiros seguidores do cristianismo e dessa forma traí-los, entregando-os nas mãos de seus algozes. Que sem piedade lhes tirariam a vida da maneira mais brutal.

Foi assim que, cada um dos antigos pais da igreja, foram presos, torturados e brutalmente mortos pelo império romano, dando início a séculos de perseguição aos cristãos que surgiriam desde então. O principal objetivo dos santos era tão somente ter a liberdade de adorar ao seu Salvador sem ter que fazê-lo às escondidas, como se fossem criminosos.

Era o propósito de todos poder escolher a quem servir e reverenciar, ficar livres da subjugação romana e da ideia de que o imperador deveria ser idolatrado como um deus. Ao se negarem a fazer tal coisa eram imediatamente sentenciados a morte, através de incontáveis formas de torturas. Roma tratava os cristãos a ferro e a fogo como forma de intimidá-los e forçá-los a temer o poder autoritário dos monarcas imperiais, cheios de soberba ao ponto de crê serem de fato deuses.

Toda essa trajetória de dor e sofrimento vivenciada pelos cristãos no primeiro século depois de nosso Senhor foi, na realidade, o cumprimento de suas profecias citadas em vários de seus sermões. Todas as vezes que ministrava aos discípulos ele sempre lhes alertava da grande perseguição que sofreriam nos anos vindouros, jamais deixou de lhes advertir quanto a isso.

"A misteriosa providência que permite sofrerem os justos tamanhas perseguições às mãos dos ímpios, tem sido causa de grande perplexidade a muitos que são fracos na fé. Alguns se dispõem mesmo a lançar de si a confiança em Deus. Por permitir ele que os mais vis dos homens prosperem, enquanto os melhores e mais puros são afligidos e atormentados pelo cruel poder daqueles. Como, pergunta-se, pode aquele que é justo e misericordioso, e que também é de poder infinito.

Tolerar tal injustiça e opressão? É esta uma questão com que nada temos que ver. Deus deu suficientes evidências de seu amor, e não devemos duvidar de sua bondade por não podermos compreender a operação de sua providência. Disse o Salvador a Seus discípulos, prevendo as dúvidas que lhes oprimiriam a alma nos dias de provação e trevas: "Lembrai-vos da palavra que vos disse: Não é o servo maior do que o seu Senhor. Se a Mim Me perseguiram, também vos perseguirão a vós" (João 15:20). Jesus sofreu por nós mais do que qualquer de Seus seguidores poderá sofrer pela crueldade de homens ímpios.

Os que são chamados a suportar a tortura e o martírio não estão senão seguindo as pegadas do dileto Filho de Deus. "O Senhor não retarda a Sua promessa" 2 Pedro 3:9. Ele não se esquece de seus filhos, nem os negligencia; mas permite que os ímpios revelem seu verdadeiro caráter, para que ninguém que deseje fazer a Sua vontade possa ser iludido com relação a eles. Outrossim, os justos são postos na fornalha da aflição para que eles próprios possam ser purificados.

Para que seu exemplo possa convencer a outros da realidade da fé e piedade, e também para que sua coerente conduta possa condenar os ímpios e incrédulos. Deus permite que os ímpios prosperem e revelem inimizade para com Ele, a fim de que, quando encherem a medida de sua iniquidade, todos possam, em sua completa destruição, ver a justiça e misericórdia divinas.

Apressa-se o dia de Sua vingança, no qual todos os que transgrediram a lei divina e oprimiram o povo de Deus receberão a justa recompensa de suas ações; em que todo ato de crueldade e injustiça para com os fiéis será punido como se fosse feito ao próprio Cristo". — **WHITE, HELLEN**. O Conflito dos Séculos. O Valor dos Mártires, Estate, Inc, p32, 2013 —

## 2. Tiago (O Maior)

"Tão logo Herodes Agripa foi designado governador da Judéia, com o objetivo de refazer o bom relacionamento com os Judeus, ordenou uma intensa perseguição contra os cristãos. No intuito de dá um golpe que destruísse eficazmente a igreja, atacou diretamente seus líderes. Clemente de Alexandria, um proeminente escritor daquela época, relatou na sua importante obra que, quando Tiago era conduzido ao lugar de sua execução, seu principal acusador arrependeu-se de tê-lo entregue aos romanos.

E converteu-se ao cristianismo naquele momento. Caindo-lhe aos pés e pedindo-lhe perdão, com isso os dois foram decapitados. Assim, Tiago, o primeiro apóstolo a ser morto e bebeu o cálice do martírio que disse a seu Mestre, Jesus, que estaria disposto a beber.

**Timão,** em Filipos e Pármenas, na Macedónia. Estes servos do Senhor deram suas vidas em nome da fé que professavam em Cristo e nos seus ensinamentos. Para eles, seu Evangelho e a missão de anunciá-lo a toda criatura era o mais importante, nem mesmo suas próprias vidas tinham maior valor que isso. E por essa razão se assentarão em doze tronos ao redor do Filho de Deus. "E Jesus disse-lhes: Em verdade vos digo que vós, que me seguistes, quando, na regeneração, o Filho do homem se assentar no trono da sua glória, também vos assentareis sobre doze tronos, para julgar as doze tribos de Israel". (Mateus 19:28)"

3. **Filipe:** Nasceu em BetSaida, Galiléia. Trabalhou diligentemente na Ásia Maior, sofrendo seu martírio, morrendo em Heliópolis, na Frígia, O apóstolo foi açoitado, lançado na prisão e depois crucificado em 54 d.C.

4. **Mateus**: Era cobrador de impostos antes de se converter ao evangelho. Nasceu em Nazaré, na Galileia, escreveu um dos evangelhos mais completos encontrados na Bíblia Sagrada. Primeiramente no idioma hebraico, depois foi traduzido para o grego por Tiago, um dos líderes da igreja, o segundo mártir. Foi morto pelos soldados romanos na Etiópia. Foi assassinado com uma arma denominada "Alabarda", na cidade de Nadaba.

**5. Tiago** (**O Menor**): Alguns supõem que se tratava de um irmão de Jesus, filho de José e Maria, contradizendo a teoria católica de que ela morreu imaculada, a ideia de que Maria não teve outro filho além de Jesus, pois Mateus descreve em seu evangelho que em dado momento, quando Jesus está ensinando às multidões...Um dos discípulos anuncia a chegada de sua mãe e seus irmãos:   "E disse-lhe alguém: Eis que estão ali fora tua mãe e teus irmãos, que querem falar-te. (Mateus 12:47) Escolhido para supervisionar as igrejas em Jerusalém, foi o autor da epístola que leva seu nome. Aos 99 anos, foi espancado e apedrejado pelos judeus que, finalmente, abriram-lhe o crânio com uma arma chamada garrote".

**6. Matias** - Dele, sabe-se menos, que dos demais apóstolos. Foi o substituto do traidor Judas Iscariotes, após este ter se enforcado, arrependido por ter entregue Jesus aos fariseus e ocasionado sua morte. Matias foi apedrejado em Jerusalém e em seguida teve a cabeça cortada.

**7. André** - Irmão de Pedro, pregou o evangelho a muitas nações da Ásia. Durante a perseguição da igreja por parte de Roma, foi aprisionado e crucificado. As extremidades de sua cruz foram fixadas transversalmente no solo. Daí a origem do nome "Cruz de Santo André".

**8. Marcos** - Filho de Judeus, da tribo de Levi. Acredita-se ter sido convertido ao Cristianismo por Pedro, a quem serviu como amanuense e sob sua supervisão escreveu um dos evangelhos em grego. Este apóstolo foi arrastado e despedaçado pela população de Alexandria durante a grande festa de adoração ao ídolo Serapis, tendo terminado sua vida terrena de forma terrível.

**9. Judas** - Não o traidor. Afirmava- se, também, ser ele irmão de Jesus, filho de José e Maria. Foi o escritor de umas das Epistolas universais encontradas no Novo Testamento. Era comumente chamado de Tadeu. Foi crucificado em Edesa no ano 72 d.C.

**10. Bartolomeu** - Traduziu o Evangelho de Mateus para um dos idiomas da Índia, propagando-o neste país. Foi açoitado e crucificado pelos confusos idólatras indianos.

**11. Tomé** - Também chamado Dídimo, pregou o Evangelho em Partia e na Índia, onde causou ira nos sacerdotes pagãos e morreu atravessado por uma lança

**12. Lucas** - Foi autor de um dos Evangelhos, viajou com Paulo por vários países e acredita-se que tenha sido pendurado numa oliveira pelos sacerdotes idólatras gregos.

**13. Simão** - Com sobrenome Zelote, pregou o Evangelho na Mauritânia, África, e até na Grã- Bethânia, onde foi crucificado e morto em 74 d.C.

**14. Pedro** - Este apóstolo, que se tornou um grande amigo de Cristo durante seu ministério terreno, segundo escreveu o historiador Hegespino, tentou fugir da perseguição dos romanos, incentivado pelos demais cristãos da igreja primitiva, mas ao sair na porta da casa onde estava reunido com os irmãos na fé, deparou-se com o Senhor Jesus, em espírito, e adorando-o perguntou para onde o Mestre estaria indo. A resposta de Jesus foi que estaria indo se entregar aos inimigos para ser novamente morto na cruz.

Pedro, então, compreendeu aquela visão e as palavras de Jesus, que estaria repreendendo sua covardia de tentar fugir da morte, quando ele, Cristo, deu a vida por ele na cruz. Então, ao invés de fugir voltou a cidade e se entregou aos romanos para ser executado. Jerônimo, outro historiador e defensor do Evangelho, afirma em sua obra que Pedro foi pregado de cabeça para baixo na cruz por achar que não era digno de ser crucificado da mesma maneira que foi o Senhor.

**15. Paulo** - Este que, por ter sido o maior destaque na divulgação do Evangelho no primeiro século da igreja cristã, sofreu acirrada perseguição por parte do imperador romano, NERO.

De acordo com o historiador Abdias. O vil carrasco dos cristãos ainda enviou dois de seus soldados, Ferega e Partemio, para avisar o apóstolo de que ele seria preso e executado. Porém, ao chegarem próximo de Paulo no momento em que ensinava sobre as Escrituras ao povo, comovidos pediram ao apóstolo que orasse a Deus para que eles fossem perdoados por prendê-lo e se salvassem. Paulo prometeu que seriam perdoados, entregou-se, foi levado para Roma e, diferente dos demais líderes da igreja primitiva, agiu com estranha coragem, pois depois de orar entregou o pescoço ao carrasco para ser decapitado, sem demonstrar temor algum.

**16. João** - O discípulo amado por Jesus era irmão de Tiago, o MAIOR. Foi o fundador de seis, das sete igrejas da Ásia, citadas nos primeiros capítulos de seu livro profético, Apocalipse: Esmirna, Pérgamo, Sardes, Filadélfia, Laodicéia e Tiatira. Enviado de Éfeso a Roma, foi jogado num caldeirão de óleo fervente, de onde escapou milagrosamente, sem dano algum. Depois desse milagre, Domiciano exilou-o na Ilha de Pátmos, onde teve a revelação profética dos acontecimentos futuros.

Nerva, o sucessor do imperador Domiciano, libertou-o. Dentre todos os apóstolos foi o único a ter morte natural.

## 17. Barnabé - Era natural de Chipre, porém com raízes Judaicas. Sua morte

se seu no ano 73 d.C. Apesar de toda a perseguição por parte dos imperadores romanos, iniciada no começo do primeiro século depois de Cristo por Nero e imitada por seus sucessores, a igreja só crescia em número e permanecia arraigada na doutrina dos apóstolos, sendo grandemente regada pelo sangue dos mártires, que deram suas vidas para que o evangelho alcançasse os confins da terra, chegando até nós e as gerações vindouras.

"E, havendo aberto o quinto selo, vi debaixo do altar as almas dos que foram mortos por amor da palavra de Deus e por amor do testemunho que deram. E clamavam com grande voz, dizendo: Até quando, ó Verdadeiro e Santo Dominador, não julgas e vingas o nosso sangue dos que habitam sobre a terra? E foram dadas a cada um compridas vestes brancas e foi-lhes dito que repousassem ainda um pouco de tempo, até que também se completasse o número de seus irmãos, que haviam de ser mortos como eles foram."(Apocalipse 6:9-11) — (**FOX, John.** O Livro dos Mártires. CPAD, 1ª edição, Rio de Janeiro, p 2-6, 2002)

Centenas de anos após a morte dos apóstolos de Cristo, quando o império romano usou de astúcia e seus imperadores passaram a usar a religião para dominar o povo, ao invés da força, transformando o catolicismo na religião universal, negando a todos o direito de ler as Escrituras e conhecer a verdade sobre Deus e a oportunidade de salvação por intermédio de seu Filho Jesus. O que restou da primitiva igreja fundada em Jerusalém por Jesus e continuada pelos apóstolos, assassinados cruelmente por Roma, tenta se reerguer debaixo de acirradas perseguições.

Na semelhança dos tempos apostólicos, os líderes da igreja cristã, pastores, evangelistas, bispos e os cristãos em geral foram sendo presos, martirizados e mortos da pior forma possível, simplesmente por escolherem depositar sua fé num Deus que os imperadores, juntamente com uma sociedade pagã, se negavam reverenciar. Lógico que, todos nós sabemos não se tratar apenas da descrença humana.

Mas que tinha toda uma influência maligna que se apoderava dos incrédulos para desencadear toda aquela revolta contra o cristianismo. Satanás, a astuta serpente que causou tropeços para Adão e Eva, era incansável na sua peleja em manter o homem, escravizado pelo pecado, longe de seu Criador. Portanto, era mister que usasse do poder conferido aos monarcas para autorizar o martírio de todos os que se declarassem adoradores de Deus, quem ele odeia acima de tudo.

Toda aquela perseguição sobre a igreja foi de antemão profetizada por Jesus e predita aos discípulos durante seus muitos sermões. Os setenta missionários enviados por ele para anunciar o evangelho, antes de sua morte na cruz, todos sabiam o que lhes estava reservado no futuro, eles padeceriam da mesma maneira que seu Senhor (Lucas 10:1-12) Roma, agora transformada num poder religioso pagão negava a Cristo como sendo o Messias e Filho de Deus.

Os católicos romanos adoravam estátuas de "santos" pagãos e a devoção dos cristãos a um suposto Deus em quem eles se negavam dar crédito lhes enchia de ódio. Porém, quanto mais se derramavam o sangue dos inocentes discípulos, mais surgiam, resgatados pelo poder da Palavra pregada pela igreja missionária de Cristo o Redentor. De fato, as portas do inferno se levantaram diversas vezes contra ela mas, como garantiu Jesus, jamais prevaleceu em definitivo. Quando um grupo de cristãos era desfeito ou disperso aqui, vários outros surgiam lá na frente.

Cada gota do sangue dos mártires germinava novas almas salvas e prontas para morrer por seu Deus que os libertou do cárcere e da masmorra do pecado. (Marcos 16:16). A princípio, a salvação foi enviada por Deus a Israel, pois havia uma aliança feita com Abraão, chamado de "o amigo de Deus, por demonstrar nele tamanha fé ao ponto de não negar lhe dar seu único filho em sacrifício, retratando o que no futuro o próprio Criador faria para resgatar o homem desgarrado.

Entretanto, como os israelitas rejeitaram tamanha dádiva, essa oferta divina foi repassada, também, aos que não eram judeus (gentios) que a receberam com alegria e foram salvos dos grilhões do pecado. E foi do meio desses rejeitados pelos judeus que nasceu a igreja de Cristo, que saíram pelos becos e valados levando as novidades vindas dos céus por intermédio de Jesus, incomodando os inimigos da verdade. Não demorou para as trevas reagirem e usarem de toda força para destruir o que considerava uma ameaça para seus planos de permanecer no domínio da vida humana.

# Capítulo 6

# As Perseguições da Igreja

## 6.1 A Primeira Perseguição Sob Nero, em 67 D.C.

A primeira perseguição contra a Igreja deu-se efetivamente no ano 67 d.C. sob domínio de Nero, o sexto imperador de Roma. Durante os cinco primeiros anos de reinado, o monarca agiu de forma tolerante. Depois, porém, deu vazão as mais atrozes barbaridades. Entre outros caprichos diabólicos, ordenou que a cidade de Roma fosse incendiada — ordem cumprida por seus oficiais, guardas e servos. Enquanto a cidade imperial ardia em chamas, subiu à torre do Mecenas a fim de tocar lira e entoar o cântico do incêndio de Tróia.

Fez questão de declarar abertamente que "desejava a ruína de todas as coisas antes de sua morte... Quando Nero percebeu que sua conduta era intensamente censurada e que ele se tornou objeto de profundo ódio, decidiu culpar os cristãos pelo incêndio voraz. Assim, além de livrar-se, aproveitou para regalar-se com novas crueldades. Foi essa a causa que levou a primeira perseguição. As brutalidades cometidas contra os cristãos eram tais, que até os próprios romanos foram movidos pela compaixão.

Nero desenvolveu requintes para suas crueldades e inventou castigos que somente a mais infernal imaginação poderia cometer. Em particular, fez com que alguns fossem costurados em peles de animais selvagens e lançados aos cães para serem destroçados. Outros, com as vestes encharcadas de cera inflamável, foram atados aos postes de seu jardim particular, onde lhes atearam fogo para que ardessem como tochas de iluminação..."

## 6.2 Segunda Perseguição Sob Domiciano, 81 D.C.

"O imperador Domiciano, por natureza inclinado a crueldade, matou primeiro a seu irmão, suscitando logo a segunda grande perseguição aos cristãos. Em sua fúria matou também alguns senadores romanos; uns, por desconfiança, e outros, para lhes confiscar os bens. De imediato, mandou executar todos que pertencessem a linhagem de Davi. Entre os numerosos mártires nesta segunda perseguição, nomeiam-se Simeão, Bispo de Jerusalém, e o evangelista João, jogado em óleo fervente, o qual nenhum mal lhe fez e a seguir foi exilado na Ilha de Pátmos.

Flávia, filha de um senador romano foi quem ditou a seguinte lei: "Que nenhum cristão, uma vez trazido ao tribunal, fique isento de castigo sem que antes renuncie a religião"

## 6.3 A Terceira Perseguição Sob Trajano, 108 D.C.

"Nessa terceira perseguição sofreu o bem aventurado Inácio, muito considerado por todos os cristãos. Ele havia sido designado ao bispado de Antioquia em sucessão a Pedro. Contam alguns historiadores que, ao ser enviado da Síria a Roma, porque professava a Cristo, foi entregue as feras para ser devorado.

Também afirmam outros que, quando passou pela Ásia, atual Turquia, debaixo dos mais apurados guardiões, fortaleceu e confirmou as igrejas em todas as cidades por onde passava. Assim, ao chegar em Esmirna, escreveu aos cristãos: "Agora começo a ser um discípulo. Nada me importa as coisas visíveis ou invisíveis, para poder ganhar somente a Cristo. Que venham sobre mim o fogo e a cruz, manadas de bestas selvagens, rompimento de ossos e dilaceramento do corpo e toda a malícia do Diabo. Que assim seja, se eu tão somente poder ganhar a Cristo Jesus".

## 6.4 A Quarta Perseguição Sob Marco Aurélio, 162 D.C.

"No ano 161 de nosso Senhor, Marco Aurélio assumiu o trono. Embora elogiável no estudo no estudo da Filosofia e em sua atividade de governo, era um homem de natureza rígida e severa, foi duro e feroz contra os cristãos e desencadeou a quarta perseguição. As crueldades executadas nesta perseguição foram de tal calibre que muitos dos espectadores estremeciam de horror ao vê-las, ficavam atônitas diante da coragem dos que sofriam. Alguns dos mártires eram obrigados a passar, com os pés já feridos, sobre os espinhos, cravos e conchas, etc. Outros eram açoitados até que seus tendões ficassem expostos e, depois de já terem sofrido os mais atrozes tormentos já inventados, eram mortos das maneiras mais terríveis".

## ]6.4.1 A Impressionante Fé De Policarpo

"Policarpo, o respeitado Bispo de Esmirna, disse ao Procônsul, após ouvir dele que blasfemasse e negasse a Cristo, afim de escapar da morte: "Durante oitenta e seis anos o tenho servido, e ele nunca me fez mal. Como eu blasfemaria contra meu Rei, que me tem salvado"? Policarpo foi atado a um poste e ao acenderem a fogueira as chamas lhe rodearam o corpo, como um arco, sem tocá-lo.

Ordenaram, então, que o carrasco o traspassasse com uma espada. Com isso manou tanto sangue que o fogo se apagou. Não obstante por indignação dos inimigos do Evangelho, principalmente dos judeus, ordenou-se que seu corpo fosse consumido na fogueira".

## 6.5 A Quinta Perseguição Sob Severo

"Severo, recuperando-se de uma grave enfermidade, após haver cuidados de um cristão, chegou a ser um grande benfeitor dos cristãos em geral. Ao prevalecer, porém, o preconceito e a fúria da multidão ignorante, foram postas em ação leis absoletas em relação aos adeptos do cristianismo. O avanço do movimento alarmava os pagãos e reavivava o velho hábito de culpar os cristãos pelas desgraças acidentais que sobrevinham.

Esta perseguição desencadeou-se em 192 d.C. Embora rugisse a malícia persecutória, o Evangelho resplandecia fulgurantemente, firme como uma rocha, resistia com êxito aos ataques dos inimigos. Tertuliano, que viveu nessa época, escreveu que se os cristãos tivessem se retirado em massa dos territórios romanos o império teria ficado grandemente despovoado".

## 6.6 A Sexta Perseguição Sob Maximino,    235 D.C.

"Em 235 começou sob o comando de Maximino uma nova perseguição sob o comando do governador da capadócia. Seremiano fez o possível para exterminar os cristãos daquela província... Durante essa perseguição, suscitada por Maximino, muitos cristãos foram executados sem julgamentos e enterrados indiscriminadamente em montões.

Às vezes, cinquenta ou sessenta eram jogados juntos em uma vala comum sem a menor decência. Ao morrer o tirano, em 238 d.C. é substituído por Gordiano. Durante seu reinado, bem como no de Felipe, seu sucessor, a igreja esteve livre de perseguições num período de mais de dez anos. Porém, em 249 d.C. por instigação de um sacerdote pagão e sem conhecimento do imperador, desatou-se em Alexandria violenta perseguição."

## 6.7 A Sétima Perseguição Sob Décio, 249 D.C.

"Esta foi ocasionada pelo aborrecimento que Décio tinha para com seu antecessor, Felipe, considerado cristão, e também por seu ciúme diante do assombroso avanço do cristianismo. O que ocorria era que os templos pagãos começavam a ser abandonados e as igrejas cristãs ficavam repletas. Estas razões estimularam Décio a tentar a extirpação do nome "cristão". E, desafortunadamente para o evangelho, vários erros ocorreram dentro da igreja.

Os cristãos achavam-se divididos entre si, os interesses próprios separavam aqueles a quem o amor deveria manter unidos. A virulência do orgulho deu ocasião a uma série de facções. Os pagãos, em geral, ambicionavam por em ação os decretos imperiais e consideravam o assassinato dos cristãos um mérito para si próprios. Nessa Ocasião Os Mártires Foram Inumeráveis".

## 6.8 A Oitava Perseguição Sob Valeriano, 257 D.C.

"A oitava perseguição veio sob o comando de Valeriano, em abril de 257 d.C. e continuou por três anos e dez meses. Foram inumeráveis os mártires dessa perseguição, suas torturas e mortes eram variadas e penosas...

No ano de 258 d.C. Marciano, que dirigia os assuntos do governo em Roma, conseguiu uma ordem do imperador Valeriano para matar todo o clero cristão que atuava na capital do império. Por ordem dele, Sixto e seis de seus diáconos sofreram o martírio. Foi este terrível tirano quem confrontou Lorenzo e por ser respondido a altura indignou-se, batia o pé furioso e ordenou:

"Acendam o fogo, e não economizem lenha. Este vilão pensa que pode enganar o imperador? Acabem com ele! Açoitem-no com chicotes, sacudam-no com varas, apliquem-no golpes com os punhos, descerebrem-no com garrotes!. Depois de cruéis tormentos o manso cordeiro foi posto sobre uma cama de ferro em chamas..."

## 6.9 A Nona Perseguição Sob Mureliano, 274 D.C.

"Eis aí os dois mártires desta perseguição:

**FÉLIX** – Bispo de Roma que assumiu o cargo em 274 d.C., foi a primeira vítima da petulância de Aureliano, ao ser decapitado no dia vinte e dois de Dezembro do mesmo ano.

**AGAPITO** – Um jovem cavalheiro que vendeu suas possessões e deu o dinheiro aos pobres. Foi preso como cristão, torturado e logo decapitado em Praeneste, cidade que ficava um dia de viagem de Roma".

## 6.10 A Décima Perseguição Sob Diocleciano, 303 D.C.

"Sob os imperadores romanos, a chamada Era dos Mártires foi ocasionada, em parte, pelo aumento do número de cristãos e suas crescentes riquezas que suscitaram o ódio de Galerio, filho adotivo de Diocleciano.

Some-se a isto o estímulo de sua mãe, uma fanática pagã que praticamente empurrou o imperador a iniciar essa perseguição... Todos os cristãos foram encarcerados. Galerio ordenou secretamente que ateassem fogo ao palácio imperial, assim teria uma razão plausível para com a maior das severidades levar a cabo a perseguição. Começou um sacrifício generalizado, houve vários martírios, não se fazia distinção de idade ou sexo.

O simples nome "cristão" era tão odioso que todos imediatamente caíram vitimados. Muitas casas foram incendiadas, famílias cristãs inteiras pereceram nas chamas. Outros tiveram pedras penduradas no pescoço e atados juntos foram lançados ao mar..." (**FOX, JHON**. O Livro dos Mártires. CPAD, 2ª edição, p 7-29, Rio de Janeiro, 2002)

Todas as perseguições sofridas pela noiva do Cordeiro, no passar dos séculos, retratou o quão intensa era a ira de Satanás contra o Criador e de suas criaturas que ele, na imensidão de sua eterna misericórdia, insiste em livrar das cadeias do pecado e do mal. E ainda hoje, passados milhares de anos, a batalha travada entre a luz e as trevas ainda subsiste, e o homem, responsável por essa disputa entre estes dois poderes invisíveis.

É o único a pagar um alto preço, através das incontáveis desgraças e catástrofes que surgem neste mundo fermentado pela maldade que o domina. A igreja de Cristo acabou por conquistar sua liberdade da perseguição romana por um alto preço, e hoje tem livre acesso para cumprir sua missão de anunciar o Evangelho pelos quatro cantos da terra, e em parte tem feito isso, porém não podemos pensar que as trevas desistiram de destruí-la.

O Maldito, principal inimigo de Deus e de seus escolhidos, jamais desiste do seu intento de destruí-los. O que acontece é que ele, da mesma forma como fizeram os cristãos deste século, modernizou sua maneira de tentar envena-los com o pecado. Ela dividiu em diversas facções religiosas, os cristãos já não buscam divulgar o as Boas Novas de Salvação aos perdidos, pois eles mesmos se encontram ocupados demais, aprisionados nas suas ambições materialistas. Seus olhos, cheios de cobiça só almejam encher seus cofres de dinheiro.

Na semelhança de Balaão, o profeta ambicioso que almejou receber ouro e prata para amaldiçoar os israelitas (2 Pedro 2:15), completamente corrompidos e dignos do fogo do inferno. Poderíamos, então, afirmar que os planos de redenção de Deus para resgatar o homem do pecado falharam? Não, porque nosso Deus nunca falha em seus propósitos. Mas é correto afirmar que ao escolher dar ao homem o livre arbítrio, o direito de escolher seu próprio caminho, abriu uma lacuna enorme para Satanás.

Permitiu que ele tivesse maior êxito no seu intento de mantê-lo escravizado, pois é uma tendência natural do ser humano sentir prazer no pecado. É grande o esforço feito pelo Senhor em libertar das algemas a "coroa da criação", mas os laços da humanidade com o gosto da vida longe de seu Criador se tornaram tão profundos que ficou impossível resgatar a todos da condenação eterna. Essa triste afirmação se encontra no livro das profecias dos últimos dias, escrito por João.

Para nosso despertamento, que deixa claro a triste realidade de que nem todos estarão dispostos a aceitar a redenção em Cristo Jesus. Porém, o infinito amor do Pai por seus filhos rebelados será persistente em recuperar o máximo possível dos que marcham cegos para as profundezas das trevas espirituais.

Mesmo que as Escrituras deixem claro que nem todos os ouvintes irão dar crédito ao chamado divino. A Palavra de Deus será pregada pelos quatro cantos da terra, porém milhões de pessoas não darão crédito aos apelos feitos pelo Espírito Santo que usará, incansavelmente, sua igreja e os verdadeiros cristãos da atualidade para tentar despertar na sociedade moderna a necessidade de se voltar ao Criador, entretanto, escolherão seguir iguais a cegos e completamente descrentes, rumo ao abismo espiritual que lhes aguarda no final da estrada traçada pelo pecado:

"E vi descer do céu um anjo, que tinha a chave do abismo, e uma grande cadeia na sua mão. ele prendeu o dragão, a antiga serpente, que é o Diabo e Satanás, e amarrou-o por mil anos. E lançou-o no abismo, e ali o encerrou, e pôs selo sobre ele, para que não mais engane as nações, até que os mil anos se acabem. E depois importa que seja solto por um pouco de tempo, vi tronos; e assentaram-se sobre eles, e foi-lhes dado o poder de julgar; e vi as almas daqueles que foram degolados pelo testemunho de Jesus, e pela palavra de Deus, e que não adoraram a besta.

Nem a sua imagem. E não receberam o sinal em suas testas nem em suas mãos; e viveram, e reinaram com Cristo durante mil anos. Mas os outros mortos não reviveram, até que os mil anos se acabaram. Esta é a primeira ressurreição. Bem-aventurado e santo aquele que tem parte na primeira ressurreição; sobre estes não tem poder a segunda morte; mas serão sacerdotes de Deus e de Cristo, e reinarão com ele mil anos.

E, acabando-se os mil anos, Satanás será solto da sua prisão, E sairá a enganar as nações que estão sobre os quatro cantos da terra, Gogue e Magogue, cujo número é como a areia do mar, para as ajuntar em batalha. E subiram sobre a largura da terra, e cercaram o arraial dos santos e a cidade amada; e de Deus desceu fogo, do céu, e os devorou.

E o diabo, que os enganava, foi lançado no lago de fogo e enxofre, onde estão a besta e o falso profeta; e de dia e de noite serão atormentados para todo o sempre. E vi um grande trono branco, e o que estava assentado sobre ele, de cuja presença fugiu a terra e o céu; e não se achou lugar para eles. E vi os mortos, grandes e pequenos, que estavam diante de Deus, e abriram-se os livros; e abriu-se outro livro, que é o da vida. E os mortos foram julgados pelas coisas que estavam escritas nos livros, segundo as suas obras.

E deu o mar os mortos que nele havia; e a morte e o inferno deram os mortos que neles havia; e foram julgados cada um segundo as suas obras. E a morte e o inferno foram lançados no lago de fogo. Esta é a segunda morte. E aquele que não foi achado escrito no livro da vida foi lançado no lago de fogo". (Apocalipse 20:1-15) A rebelião do ser humano em relação a Deus é uma doença espiritual quase incurável. As raízes do mal, que o nossos primeiros pais escolheram plantar em seus corações, não contaminou apena seus corpos físicos, mas também suas almas.

E o pior de tudo é que essa profunda contaminação se espalhou por todas as gerações, de século a século, chegando até nós. Alcançando até diversos cristãos que, por darem espaço a Satanás, se tornaram verdadeiros tropeços aos que sinceramente pensam em honrar o nome de Deus em suas vidas. A igreja cristã do século XXI se transformou, quase que completamente, num motivo de escárnio para os descrentes. O pastoreio transformou-se num meio de ganhar dinheiro e acumular riquezas.

A grande parte dos pastores abdicaram de atuar apenas como líderes religiosos e transformaram-se em ambiciosos materialistas. Usam o Evangelho que Cristo nos deixou para ser anunciado gratuitamente, com o único objetivo de abrir os olhos dos pecadores para o arrependimento e a salvação, como fonte de renda, os dons que o Espírito Santo distribui entre os cristãos, no intuito de abençoar os filhos de Deus.

E mostrar ao mundo tomado pelas trevas o poder e o amor do Criador sendo derramado sobre sua igreja, é usado pelos mercadores do evangelho para o enriquecimento ilícito. Olhando para esse lado obscuro pelo qual a noiva eleita de Cristo passou a andar, nos perguntamos se de fato valeu mesmo a pena todo o esforço de Deus para resgatar o homem de sua vã maneira de viver. Se o martírio de Cristo e de seus discípulos, ocorrido durante centenas de anos atrás, teve mesmo algum valor.

A pergunta que não quer se calar, é: Porque Deus nos ama tanto, ao ponto de pagar um preço tão alto para nos resgatar da escravidão do pecado, que nós mesmos fazemos questão de manter vivo dentro de nossos corações? "O apóstolo Paulo, em sua segunda carta aos tessalonicenses, predisse a grande apostasia que teria como resultado o estabelecimento do poder papal. Declarou que o dia de Cristo não viria "sem que antes venha a apostasia, e se manifeste o homem do pecado, o filho da perdição; o qual se opõe e se levanta contra tudo o que se chama Deus.

Ou se adora; de sorte que se assentará, como Deus, no templo de Deus, querendo parecer Deus". 2Tessalonicenses 2:3, 4. E, ainda mais, o apóstolo adverte os irmãos de que "já o mistério da injustiça opera". 2Tessalonicenses 2:7. Mesmo naqueles primeiros tempos viu ele, insinuando-se na igreja, erros que preparariam o caminho para o desenvolvimento do papado. Pouco a pouco, a princípio furtiva e silenciosamente, e depois mais às claras.

À medida em que crescia em força e conquistava o domínio da mente das pessoas, o mistério da iniquidade levou avante sua obra de engano e blasfêmia, quase imperceptivelmente os costumes do paganismo tiveram ingresso na igreja cristã. O espírito de transigência e conformidade fora restringido durante algum tempo pelas terríveis perseguições que a igreja suportou sob o paganismo.

Mas, em cessando a perseguição e entrando o cristianismo nas cortes e palácios dos reis, pôs ela de lado a humilde simplicidade de Cristo e Seus apóstolos, em troca da pompa e orgulho dos sacerdotes e governadores pagãos; e em lugar das ordenanças de Deus colocou teorias e tradições humanas". — WHITE, ELLEN. O Conflito dos Séculos, A Importância dos Mártires, p 41, Estate, Inc, 2013 —

Essa é, sem dúvida, a verdadeira razão do cristianismo moderno se encontrar repleto de corruptos à frente das mais importantes lideranças das igrejas cristãs. O paganismo se infiltrou meio aos cristãos, como uma semente maldita que germinou ao ponto de corromper até os mais fiéis e leva-los a negar a fé no Salvador. Trocaram as promessas divinas por ouro, prata, fama, glórias passageiras que geralmente ilude essa humanidade dotada da mesma fraqueza de sua primeira mãe, Eva.

Que escolheu desobedecer a ordem divina de não comer do fruto proibido, pela simples promessa feita pelo maligno disfarçado de serpente, de que sua desobediência a tornaria semelhante a Deus em sabedoria e poder. Os seres humanos aprenderam, orientados pelas forças malignas provenientes das trevas, a fixar seus olhares cheios de ambição materialista apenas para o que lhes é aparente.

O homem, hoje mais que nunca, tornou-se cético quanto as verdades espirituais. Para a atual geração pouco importa seu destino após a morte, ninguém se importa com essa história de ir morar no céu ou no inferno. Há até que diga que o "inferno" é um "estado de espírito", ligado ao que alguém venha a estar vivendo num dado momento de sua vida. De acordo com a filosofia atual, "inferno" é algum tipo de tribulação momentânea pela qual passamos no dia a dia de nossas vidas. Lógico que essa ideologia cética é proveniente da influência de Satanás.

Que diariamente se esmera para convencer os seres humanos de que a Bíblia Sagrada é uma invenção da mente humana, que Deus e ele mesmo não existe e que o homem é seu próprio senhor, soberano e independente de qualquer Ser superior que porventura venha a querer puni-lo, caso cometa alguma transgressão. Será que o Senhor se modernizou ao ponto de não requerer mais de seu povo completa e total fidelidade? Teria, ele, mudado de opinião quanto as suas exigências sobre santidade?

Descuidou-se da reverência e ao tipo de adoração monogâmico citado nos tempos de Israel? O nosso Jesus trouxe para sua igreja a libertinagem que o Pai negou aos israelitas? Vejamos o que nos dizem as Escrituras sobre esse assunto: "O mesmo espírito de ódio e oposição à verdade tem inspirado os inimigos de Deus em todos os tempos, e a mesma vigilância e [57] fidelidade têm sido exigidas de Seus servos.

As palavras de Cristo aos primeiros discípulos aplicam-se aos Seus seguidores até ao final do tempo: "E as coisas que vos digo, digo-as a todos: Vigiai". (Marcos 13:37) Bem, parecesse que não. O mesmo Deus que proibiu Israel se se envolver nos costumes idólatras e pecaminosos dos cananeus e exigiu que seu povo se mantivesse santo (Levítico 18:1-5; 19:1-3) é o mesmo que disse ser impossível vê-lo se permanecermos em nossos delitos e pecados (Hebreus 12:14)

Os chamados "cristãos modernos", que se negam a voltar aos antigos costumes de temor ao Senhor farão parte dos que naquele último dia comparecerão diante de Cristo para receberem a sentença que determinará o rumo definitivo de suas almas, e dele ouvirão: Apartai-vos de mim, malditos, todos que praticais a iniquidade!" (Mateus 7:23) Naquela ocasião os tais ainda ousarão cobrar do Senhor por terem feito uso dos dons do Espírito Santo e dirão:

"Senhor, Senhor, porventura nós não profetizamos em teu nome? E em teu nome não expulsamos demônios? Em teu nome não fizemos muitas maravilhas? (Mateus 7:22) Qual seria a reação do profeta Joel, se hoje pudesse ver como os falsos cristãos do mundo moderno fazem uso destes dons para proveito próprio? Pois foi através dele que o Senhor fez a seguinte promessa: "E há de ser que, depois derramarei o meu Espírito sobre toda a carne, e vossos filhos e vossas filhas profetizarão.

Os vossos velhos terão sonhos e vossos jovens terão visões. E também sobre os servos e sobre as servas naqueles dias derramarei o meu Espírito". ( Joel 2:27-30) E o que pensar do Senhor que aos seus discípulos, garantiu-lhes: "E estes sinais seguirão aos que crerem: Em meu nome expulsarão os demônios, falarão novas línguas, Pegarão nas serpentes; e, se beberem alguma coisa mortífera, não lhes fará dano algum; e porão as mãos sobre os enfermos, e os curarão". (Marcos 16:17,18)

Bem, Deus é um ser vivo e possui sentimentos. Sendo assim, com toda certeza grande deve ser sua decepção diante da infeliz realidade na qual se encontra a igreja e a maioria daqueles por quem fez tanto sacrifício para lhes dar o perdão e o direito à salvação. É mister que, todos nós, verdadeiros cristãos e que ainda temos temor e apreço ao nosso Deus, sejamos gratos pelo martírio vivido por seu Filho no Calvário e procuremos honra-lo da forma como ele merece, nos esforçando para, como exige o primeiro mandamento, amá-lo de todo coração.

# *Capítulo 7*

# *A Vitória Final Da Igreja*

## 7.1 Os Novos Céus e a Nova Terra

E vi um novo céu, e uma nova terra. Porque já o primeiro céu e a primeira terra passaram, e o mar já não existe. E eu, João, vi a Santa Cidade, a nova Jerusalém, que de Deus descia do céu, aderecada como uma esposa ataviada para o seu marido. E ouvi uma grande voz do céu, que dizia: Eis aqui o tabernáculo de Deus com os homens, pois com eles habitará, e eles serão o seu povo, e o mesmo Deus estará com eles, e será o seu Deus.

E Deus limpará de seus olhos toda a lágrima; e não haverá mais morte, nem pranto, nem clamor, nem dor; porque já as primeiras coisas são passadas. E o que estava assentado sobre o trono disse: Eis que faço novas todas as coisas. E disse-me: Escreve; porque estas palavras são verdadeiras e fiéis. E disse-me mais: Está cumprido. Eu sou o Alfa e Ômega, o princípio e o fim. A quem quer que tiver sede, de graça lhe darei da fonte da água da vida. Quem vencer, herdará todas as coisas; e eu serei seu Deus, e ele será meu filho.

Mas, quanto aos tímidos, e aos incrédulos, e aos abomináveis, e aos homicidas, e aos que se prostituem, e aos feiticeiros, e aos idólatras e a todos os mentirosos, a sua parte será no lago que arde com fogo e enxofre; o que é a segunda morte. E veio a mim um dos sete anjos que tinham as sete taças cheias das últimas sete pragas, e falou comigo, dizendo: Vem, mostrar-te-ei a esposa, a mulher do Cordeiro. E levou-me em espírito a um grande e alto monte, e mostrou-me a grande cidade, a santa Jerusalém, que de Deus descia do céu.

E tinha a glória de Deus; e a sua luz era semelhante a uma pedra preciosíssima, como a pedra de jaspe, como o cristal resplandecente. E tinha um grande e alto muro com doze portas, e nas portas doze anjos, e nomes escritos sobre elas, que são os nomes das doze tribos dos filhos de Israel. Do lado do levante tinha três portas, do lado do Norte, três portas, do lado do sul, três portas, do lado do poente, três portas.

E o muro da cidade tinha doze fundamentos, e neles os nomes dos doze apóstolos do Cordeiro. E aquele que falava comigo tinha uma cana de ouro, para medir a cidade, e as suas portas, e o seu muro. E a cidade estava situada em quadrado; e o seu comprimento era tanto como a sua largura. E mediu a cidade com a cana até doze mil estádios; e o seu comprimento, largura e altura eram iguais. E mediu o seu muro, de cento e quarenta e quatro côvados, conforme à medida de homem, que é a de um anjo.

E a construção do seu muro era de jaspe, e a cidade de ouro puro, semelhante a vidro puro. E os fundamentos do muro da cidade estavam adornados de toda a pedra preciosa. O primeiro fundamento era jaspe; o segundo, safira; o terceiro, calcedônia; o quarto, esmeralda. O quinto, sardônica; o sexto, sárdio; o sétimo, crisólito; o oitavo, berilo; o nono, topázio; o décimo, crisópraso; o undécimo, jacinto; o duodécimo, ametista.

E as doze portas eram doze pérolas; cada uma das portas era uma pérola; e a praça da cidade de ouro puro, como vidro transparente. E nela não vi templo, porque o seu templo é o Senhor Deus Todo-Poderoso, e o Cordeiro. E a cidade não necessita de sol nem de lua, para que nela resplandeçam, porque a glória de Deus a tem iluminado, e o Cordeiro é a lâmpada. E as nações dos salvos andarão à sua luz; e os reis da terra trarão para ela a sua glória e honra. E as suas portas não se fecharão de dia, porque ali não haverá noite.

E a ela trarão a glória e honra das nações, e não entrará nela coisa alguma que contamine, e cometa abominação e mentira; mas só os que estão inscritos no livro da vida do Cordeiro. "Todo cristão anela por aquele dia prometido por Jesus. Quando a igreja será finalmente elevada aos céus e descansaremos das fadigas e lutas presentes nesta vida. Este é, sem sombras de dúvidas, o maior sonho dos filhos de Deus.

E cremos, verdadeiramente nessa promessa de que um dia o Senhor virá nos buscar, porque foi ele mesmo quem a fez e nosso Salvador não mente (1 João 2:25) A vida eterna será a recompensa para todos aqueles que permanecerem fiéis até a morte (Apocalipse 2:10) E depois que findarmos nossa curta existência nesta terra seremos levados ao encontro do Senhor nos ares (1 Tessalonicenses 4:17)

E seguiremos rumo a cidade santa, a Nova Jerusalém, edificada em ouro e cristal e endereçada para a Noiva do Cordeiro (Apocalipse 21:18-26) Mas, tamanha glória somente irão contemplar e usufruir quem desde agora decidir se manter firme na fé pois os incrédulos, impuros, adúlteros, os homossexuais e os que praticam todo tipo de afronta a santidade de Deus ficarão de fora ( Apocalipse 22:15) Como cães raivosos, rangendo os dentes no lago de fogo reservado a satanás e seus anjos (Apocalipse 20:14,15).

Por isso a grande importância de nos mantermos separados do mundo em trevas que nos cerca. Resistindo as influências malignas que tentam nos distanciar de Deus e nos fazer retornar ao pecado. "Deus mostrou para João em Apocalipse 21, a Cidade Santa com um novo Céu e uma nova Terra, que descia da parte de Deus, e que Ele vai habitar com os homens.

Nela não haverá mais morte, lagrimas, dor, pranto, luto, e Deus vai enxugar dos nossos olhos todas as lágrimas, e as primeiras coisas passaram. Nós ouvimos pouco falar sobre esta cidade, poucos pregadores nos levam a focalizar nossa visão na Vida Eterna, na Cidade Santa, na Nova Jerusalém. Infelizmente a mensagem que sempre ouvimos hoje é: sobre vitórias, conquistas, matadores de gigantes, prosperidade, quebrando maldições e outros nomes de campanhas.

Para mim: não está errado estas campanhas, se eles querem levar seu ministério assim, mas não podemos focalizar nossa visão só em bens materiais. No livro de 1 Coríntios 15:19 nos alerta: "Se a nossa esperança em Cristo se limita só nesta vida, somos os mais infelizes de todos os homens". Onde está tua esperança? Será que nesta vida, ou na Cidade que Deus preparou para nós. Não devemos perder o foco da Nova Jerusalém, ela é real. Quando lemos o Evangelho de João 14:2-3.

Vemos Jesus falar para os discípulos: que na casa de Deus há muitas moradas, e que Ele (Jesus) iria preparar lugar, para quando Ele voltasse novamente, nos levaria para morar com Ele. Observando a vida de muitas pessoas hoje, eu tenho visto muita preocupação por bens materiais, pessoas se frustrando por que não conseguem prosperar, limitando sua visão só a este mundo. Amados! A Nova Jerusalém, a Cidade de Deus, ela é real, ela já existe.

É para todos que não só esperam receber bênçãos nesta vida, pensando que aqui é a eternidade. Você já pensou onde passará a eternidade? Se não, então comece a olhar e focalizar a Nova Jerusalém, a Cidade Santa, onde para sempre passaremos a eternidade com Deus". — MONTE, MARCOS. Jerusalém, cidade de Deus. Gospel Mais, 2013

# Capítulo 8

# O Cumprimento Da Promessa

## 8.1 O Casamento Do Cordeiro (Apocalipse 19:7)

Assim como para a igreja, que é a noiva do Cordeiro, haverá regozijo e paz, para os incrédulos, que escolheram os prazeres passageiros deste mundo, haverá tempos de incomparável angústia e dor (Mateus 24:22) Porém, enquanto os rebeldes ficarão sob intenso tormento, a eleita de Cristo estará nos céus com seu amado, desfrutando do descanso merecido (Apocalipse 19:9)

Serão sete anos do poder do Anticristo na terra, e ao mesmo tempo de festa no Reino de Cristo, comemorando seu tão casamento com a noiva, a sua igreja. "As Bodas do Cordeiro será a consumação da união mística entre Cristo e a Igreja. Acontecerá depois que a Igreja for galardoada no Tribunal de Cristo. Será conduzida ao palácio real, onde se encontra a "Sala do Banquete" (Ct 2.4), quando então, se dará início à celebração da Ceia das Bodas do Cordeiro. Neste evento, todos os santos estarão presentes, os do Oriente e do Ocidente, tomarão lugar à mesa (Mt 8.11).

"Nas Bodas do Cordeiro, a Igreja apossar-se-á de toda a sua herança como a Noiva de Cristo, e Cristo a possuirá, concretizando, assim, de maneira amorosa e eterna, o alvo maior do plano redentivo: Deus entre o seu povo, e o seu povo a desfrutar-lhe de todos os benefícios advindos desta comunhão". [1] Apóstolo Paulo se referiu a esta noiva quando escreveu aos coríntios:

"Estou zeloso de vós com zelo de Deus; porque vos tenho preparado para vos apresentar como uma virgem pura a um marido, a saber, a Cristo" (1Co 11.2). Apocalipse também nos chama a atenção para o fato de a noiva já está pronta, vestida de linho fino, puro e resplandecente (Ap 19.7,8). Horton faz a seguinte observação sobre o assunto: Os exércitos do céu, que seguem Jesus em cavalos brancos (simbolizando triunfo), estão "vestidos de linho fino, branco e puro" (Ap 19.14)

Identificando-os claramente com a Noiva do Cordeiro (a Igreja), que participa das Bodas do Cordeiro (Ap 19.6-9). Isto quer dizer que eles já estiveram no céu e já se vestiram plenamente com "os atos de justiças dos santos" (Ap 19.8, ARA). Isto também nos sugere que os números desses atos já foram completados e que os crentes já foram ressuscitados. Foram transformados e arrebatados para o céu. Do mesmo modo isto implica que eles já compareceram diante do julgamento do Tribunal de Cristo (2Co 5.10). [2]

## Entrada triunfal de Jesus no céu com sua Noiva.

Como dissemos acima, a celebração das Bodas seguirá os acontecimentos do Bema de Cristo, haja vista, a Igreja já aparecer adornada com "os atos de justiça dos santos" (Ap 19.8) que certamente se refere aos acontecimentos do tribunal de Cristo. Certamente será grande a alegria de todos os salvos arrebatados, quando juntos ao seu Senhor, adentrarem no céu, lugar preparado por Ele (Jo 14.1-3).

Ali serão recepcionados por multidões de anjos (Ap 5.11), que os receberão com cânticos de aleluia (Ap 5.9-12), juntamente com a noiva que também cantará (Ap 5.9,10; 15.3,4).

## Jesus apresenta ao Pai sua Noiva.

Durante o tempo do seu ministério terreno, Jesus fez promessas aos seus seguidores, àqueles que permanecessem fiéis, de apresentá-los e confessá-los diante de seu Pai e dos santos anjos (Mt 10.32; Lc 12.8; Ap 3.5). Naquele Dia o próprio Jesus apresentará diante do Pai, os filhos. Ele dirá: "Eis-me aqui, com os filhos que me deu o Senhor" (Is 8.18). Os olhos de Deus, o Todo-Poderoso contemplarão os salvos (Cl 1.23;1Ts 3.17), a Noiva de Cristo, seu particular tesouro (Ml 3.17

## As Bodas do Cordeiro.

O texto bíblico nos diz: "Regozijemo-nos, e alegremo-nos, demos-lhe glória, porque vindas são as bodas do Cordeiro, e já a sua esposa se aprontou" (Ap 19.7). Este acontecimento se dará no céu e será o momento triunfal da Igreja de Cristo. Ela estará livre para sempre de toda angústia, luta, pecado, etc. A Noiva está no céu. Será o casamento tão almejado e esperado. Comentando sobre o texto acima, Ciro Ziborde apresenta fatos relacionados ao referido evento

1) A Igreja do Senhor, à semelhança de uma noiva, estará pronta, preparada para as Bodas (Mt 25.10). Ela já chegará ao local do banquete ataviada, devidamente trajada com as suas vestes nupciais. E Jesus, com grande alegria, a apresentará diante de seu Pai (Mt 10.32; Ap 3.5; Ef 5.27) e dos seus anjos (Lc 12.8).

2) Haverá grande regozijo por parte dos salvos, quando entrarem na sala do banquete (cf. Ct 2.4).

Ali, entoar-se-ão cânticos de adoração ao Cordeiro (Ap 5.9-11). A alegria que experimentarão não pode ser comparada a nenhum sentimento desta vida. Daí a razão de glorificarmos ao Senhor em altas vozes.

3) A noiva do Cordeiro estará vestida de linho fino, puro e resplandecente, que representa as justiças dos santos; ou seja, ela entrará na sala do banquete galardoada, honrada pelo noivo. {3}

## Os participantes das Bodas do Cordeiro.

Os participantes do referido evento, constará de Cristo e sua Igreja. Dr. Pentecostes diz que "as bodas do Cordeiro constituem um acontecimento que, evidentemente, inclui Cristo e a Igreja". [4] Ele nos informa "que a ressurreição de Israel e dos santos do Antigo Testamento não ocorrerá até a segunda vinda de Cristo (Dn 12.1-3; Is 26.19-21)". [5] Ele continua: "Apocalipse 20.4-6 esclarece que os santos da tribulação também não ressuscitarão até aquele dia". [6] E conclui: "Embora fosse impossível eliminar esses grupos da posição de observadores, eles não ocupam a posição de participantes do acontecimento em si". [7]

## Bodas do Cordeiro e a Ceia de Casamento.

"E disse-me: Escreve: Bem aventurados aqueles que são chamados à ceia das bodas do Cordeiro. E disse-me: Estas são as verdadeiras palavras de Deus" (Ap 19.9). Estudiosos opinam que deve haver distinção entre Bodas do Cordeiro e Ceia de casamento. Dr. Pentecostes enfatiza sobre o assunto:    A esse respeito parece necessário distinguir as bodas do Cordeiro da ceia de casamento. As bodas do Cordeiro referem-se particularmente à Igreja e ocorrem no céu. A ceia de casamento inclui Israel e ocorre na terra.

Em Mateus 22.1-14, em Lucas 14.16-24 e em Mateus 25.1-13, trechos em que Israel aguarda o retorno do noivo e da noiva, a festa ou ceia de casamento é localizada na terra e tem referência especial a Israel. A ceia de casamento torna-se então uma parábola de todo o período do milênio para o qual Israel será convidado durante o período da tribulação convite que muitos rejeitarão, sendo por isso lançado fora.

E muitos aceitarão e serão recebidos. Por causa da rejeição, o convite será estendido aos gentios, de sorte que muitos deles serão incluídos. Israel, na segunda vinda, estará esperando que o Noivo venha para a cerimônia de casamento e o convide para aquela ceia, na qual o Noivo apresentará Sua noiva para os amigos (Mt 25.1-13). [8

**Harold L. Willmington corrobora com este pensamento. Ele faz a seguinte observação:**

Em que momento o casamento torna-se público? Aparentemente, a cerimônia de casamento (a fase de apresentação) será realizada no céu em caráter privado, possivelmente logo após o julgamento de Cristo. O banquete de casamento (a fase de celebração) será realizado publicamente na terra, logo após a segunda vinda de Cristo. Não é por acaso que a Bíblia descreve o Milênio como imediatamente após o início do banquete (Ap 19-20). [9]

**Paul Benware se une a este pensamento. Ele afirma com bastante veemência:**

Como é o caso da maioria dos casamentos, uma distinção deve ser feita entre o casamento e o banquete do casamento. O casamento que une é seguido por um tempo de celebração dessa união (Ap 19.7-9). O casamento ocorre no céu, mas o banquete se dá na terra.

Este grande banquete é o retrato do Reino Milenar de Cristo e talvez do reino eterno que se segue. É o retrato da grande alegria que permeará o reino do Senhor sobre todos os redimidos de todas as eras. [10]

## O Dr. Pentecostes encerra o assunto observando que:

Seria melhor adotar essa visão e ver as bodas do Cordeiro como o acontecimento celestial no qual a Igreja é eternamente unida a Cristo, e a festa ou a ceia das bodas como o milênio para o qual, judeus e gentios serão convidados, que ocorrerá na terra e onde o Noivo será honrado pela apresentação da noiva a todos os seus amigos que estão reunidos ali. [11].

Estou convicto que este será um evento indescritível. Será o momento triunfal da Igreja de Cristo em todo tempo. Os santos do Senhor estarão livres para sempre de todos os dissabores desta vida presente, viveremos para sempre com o Senhor, eternamente a adorá-lo para sempre e sempre! Aleluia, aleluia, aleluia! — **SOUZA, NONATO**. Estudo Bíblico Apocalipse, As Bodas do Cordeiro, Gospel Mais, 2015

# Conclusão

João, o discípulo amado de jesus, escreveu no evangelho que leva seu nome, a seguinte verdade: "porque deus amou o mundo de tal maneira que deu o seu filho unigênito, para que todo aquele que nele crê não pereça, mas tenha a vida eterna" (João 3:16) por ser uma das maiores verdades já escrita em toda a história da humanidade e retratar fielmente a imensidão de um pai cujo amor por seus filhos perdidos foi além do que se possa compreender.

Este versículo bíblico tornou-se mundialmente conhecido como "o texto áureo das escrituras sagradas". Pois foi exatamente isso que nosso criador fez afim de nos resgatar da escravidão do pecado, sacrificou seu próprio filho, o unigênito, para que por suas feridas fôssemos salvos. Nenhuma outra prova de amor poderá ser maior que essa.

ABDENAL CARVALHO, é Pastor Evangélico com PHD pela Faculdade de Teologia das Assembleias de Deus, presidente fundador do MEMPA - Ministério de Evangelismo e Missões no Pará, Palestrante, Membro da CADB – Convenção das Assembleias de Deus do Brasil/ CPB – Comissão de Pastores do Brasil, Palestrante e Escritor, com vários títulos publicados.

*Referências*

FOX, JONH. o livro dos mártires. 2ª edição. Rio de Janeiro: CPAD, 2002.

BÍBLIA DE APLICAÇÃO PESSOAL. Versão Almeida Revista e Corrigida Casa Publicadora das Assembleias de Deus, 1ª edição, p 9, rio de janeiro, 2003

ARTERBURN, STEPHEN. Bíblia de Estudos Desafios Para Todo Homem, 2000

ANDRADE, CLAUDIONOR. As Verdades Centrais da Fé Cristã. Revista Jovens e Adultos, CPAD, Rio de Janeiro, p6, 2006)

LAWRENCE,MICHAEL.WEB - http://pt.9marks.org/article/a-queda-qual-e-a-solucao-para-o-pecado-do-homem/

WHITE, HELLEN. O Conflito dos Séculos. O Valor dos Mártires, Estate, Inc, p 11, 32, 41, 2013 —

— MONTE, MARCOS. Jerusalém, cidade de Deus. Gospel Mais, 2013

— SOUZA, NONATO. Estudo Bíblico Apocalipse, As Bodas do Cordeiro, Gospel Mais, 2015 —

CPSIA information can be obtained
at www.ICGtesting.com
Printed in the USA
BVHW041713210219
540835BV00024B/2430/P

9 780368 301018